OBERBAYERN

Treffpunkt Biergarten!

Michael Reimer
Katrin Susanne Baur

frischluft EDITION

München ist die Hochburg der Biergarten-Tradition. Bereits im 16. Jahrhundert pflanzten die Brauereien Bäume, um ihre Keller im Sommer kühl zu halten und trinkfreudige Gäste bewirten zu können. Aber die eigene Brotzeit durfte man schon mitbringen. An diesem Grundsatz hat sich glücklicherweise bis heute vielerorts nichts verändert, selbst auf der Wiesn herrschen nach langem Hin und Her wieder liberalere Gesetze. Nur „echte" Biergärten verdienen es, in dieses Buch aufgenommen zu werden!

Die Biergärten liegen in den grünen Lungen der Stadt. Ein perfekter Ort, um den Alltagstrubel hinter sich zu lassen und die sozialen Kontakte zu pflegen. Sandalen an und Sonnenbrille auf, flanieren, feiern und flirten heißt die Devise! Lust auf Sommer, Freizeit und Kultur. Nirgends ist die Atmosphäre so entspannt wie am geselligen Biertisch. Spätestens nach der ersten Maß sind einem fremde Nachbarn fast so vertraut wie gute Freunde. Da die Kommunikation im Biergarten einen hohen Stellenwert einnimmt, gibt es zu jeder Adresse ein ganz persönliches Kurzporträt – von Menschen wie Du und ich.

Sämtliche Altersklassen und Berufsgruppen sind an einem Ort friedlich vereint. Die ganze Welt beneidet München ob seiner zwanglosen Biergartenkultur! Schade nur, dass die Dichte an Biergärten außerhalb der Landeshauptstadt mit jedem Kilometer abnimmt. Viele Wirte im Münchner Umland vertreten ja die Ansicht, dass der klassische Ausflügler bedient werden will. Also nach der Wanderung oder Radtour zu bequem ist, sich an der Schenke sein eigenes Bier zu holen. Warum sich die Land Biergärten von der Alten Villa bis zur Sauschütt dann trotzdem so großer Beliebtheit erfreuen, beantworten sie nicht. Ach ja, die Wirte: Einige waren bei der Recherche so launisch wie das Wetter in einem verregneten bayerischen Sommer.

Doch wir machen unsere Biergarten-Auswahl nicht vom Charakter der Wirte abhängig. Klassiker wie der Hirschgarten oder Nockherberg gehören einfach dazu. Darüber hinaus haben wir jene Biergärten bevorzugt, die entweder von der Lage oder vom Essen her besonders zu empfehlen sind.

Na dann Prost auf eine schöne Biergartensaison!
Katrin und Michael

Im Biergarten herrscht einfach gute Laune – selbst im Winter und bei Regen ...

Großraum München

Tour-Nr.	Ort	Biergarten	Brauerei	offizielle Radroute	Bademöglichkeit	Museum, Ausstellung	im Winter sporadisch geöffnet*	ideal für Kinder	Seite
1	Innenstadt	**Viktualienmarkt**	*6 Brauereien*			●	●		12
2	Thalkirchen	**Zum Flaucher**	*Löwenbräu*	●	●	●		●	16
3	Harlaching	**Menterschwaige**	*Löwenbräu*	●	●	●	●	●	20
4	Großhesselohe	**Waldwirtschaft**	*Spatenbräu*	●	●			●	22
5	Deisenhofen	**Kugler Alm**	*Spatenbräu*	●			●	●	26
6	Westpark	**Rosengarten**	*Paulaner*					●	28
7	Großhadern	**Waldheim**	*Hacker-Pschorr*						32
8	Gauting	**Forsthaus Kasten**	*Paulaner*	●	●			●	34
9	Krailling	**Alter Wirt**	*Augustiner*	●					38
10	Gräfelfing	**Waldheim**	*Spatenbräu*	●				●	40
11	Untermenzing	**Insel-Mühle**	*Augustiner*						42
12	Moosach	**Die Neue Fasanerie**	*Hofbräu*			●			44
13	Laim	**Hirschgarten**	*Augustiner*			●	●	●	46
14	Gern	**Taxisgarten**	*Spatenbräu*		●	●			50
15	Maxvorstadt	**Augustiner-Keller**	*Augustiner*			●			52
16	Oberschleißheim	**Schloss Oberschleißheim**	*Hofbräu*	●	●	●			54
17	Garching	**Mühlenpark**	*Hacker-Pschorr*	●	●				58
18	Ismaning	**Gasthof zur Mühle**	*Hacker-Pschorr*	●	●	●			60
19	Schwabing	**Aumeister**	*Hofbräu*	●			●	●	62
20	Schwabing	**Seehaus**	*Paulaner*	●			●		64
21	Schwabing	**Chinesischer Turm**	*Hofbräu*	●		●	●	●	68
22	Trudering	**Franziskanergarten**	*Löwen-/Spatenbr.*	●	●				72
23	Neuperlach	**Michaeli-Garten**	*Löwenbräu*		●		●	●	74
24	Giesing	**Paulaner a. Nockherberg**	*Paulaner*		●				78
25	Haidhausen	**Muffatwerk**	*Hofbräu*	●	●	●			80
26	Haidhausen	**Hofbräukeller**	*Hofbräu*	●	●	●			82

Tour-Nr.	Ort	Biergarten	Brauerei	offizielle Radroute	Bademöglichkeit	Museum, Ausstellung	im Winter sporadisch geöffnet*	ideal für Kinder	Seite
27	Schäftlarn	**Klosterbräu**	*Löwenbräu*	●	●		●		88
28	Puppling	**Aujäger**	*Hacker-Pschorr*	●	●				92
29	Münsing	**Buchsee**	*Hacker-Pschorr*	●	●			●	94
30	Glentleiten	**Starkerer Stadel Kramerladen**	*Ettaler Klosterbier, Altött. Hellbräu*		●	●		●	96
31	Tutzing	**Tutzinger Biergarten**	*Augustiner*	●	●			●	100
32	Maising	**Maisinger Seehof**	*Herrnbräu*	●	●			●	104
33	Leutstetten	**Schlossgastst. Leutstetten**	*Kaltenberg*	●	●				106
34	Herrsching	**Seehof**	*Hofbräu*	●	●		●		108
35	Andechs	**Klostergasthof und Bräustüberl**	*Kloster Andechs*	●	●		●		112
36	Raisting	**Grenzebacher Hof-Biergarten**	*Lammsbräu, Riedenburger*	●	●			●	116
37	Utting	**Alte Villa**	*Kaltenberg*	●	●	●		●	118
38	Kaltenberg	**Ritterschwemme**	*Kaltenberg*			●			122
39	Fürstenfeldbruck	**Fürstenfelder**	*Paulaner*	●	●	●			124
40	Grafrath	**Dampfschiff**	*Augustiner*	●	●	●			128
41	Etterschlag	**Alter Wirt**	*Kaltenberg*	●	●	●			130
42	Maisach	**Räuber-Kneißl-Garten**	*Brauerei Maisach*	●	●	●			134
43	Röhrmoos	**Schlossgaststätte Mariabrunn**	*Fischer's Stiftungsbräu*	●	●				136
44	Freising	**Bräustüberl Weihenstephan**	*Weihenstephan*	●	●	●	●		140
45	Freising	**Plantage!**	*Weihenstephan*					●	144
46	Haag	**Schlossallee**	*Hofbrau. Freising*	●	●			●	146
47	Hohenlinden	**Hohenlindener Sauschütt**	*Wildbräu Grafing*	●	●		●	●	148
48	Ebersberg	**Forsthaus St. Hubertus**	*Schweiger*	●	●		●	●	152
49	Aying	**Liebhard's Bräustüberl**	*Ayinger*	●		●	●		154
50	Kreuzstraße	**Zum Bartewirt**	*Graf Arco*	●		●	●		156

* telefonische Anfrage empfohlen

Empfohlene Radrouten

•••• RadlRing München (138 km):

Ideal für die Biergärten im Münchner Umland. Die jeweils genannten Start- und Zielorte haben S-Bahnanschluss. Vom Zentrum ist der Ring mit dem Rad am besten auf dem Isarradweg erreichbar (Ludwigsbrücke bis Grünwalder Brücke 13 km, bis Isarbrücke Garching 14 km).

Buchenhain (S7) → Gauting (S6) 12 km, Buchendorf Abzweig **Forsthaus Kasten** 2 km; Gauting → Germering (S5) 10 km; Germering → Fürstenfeldbruck (S8) 14 km, Abzweig **Fürstenfelder**; Fürstenfeldbruck → Dachau (S2) 23 km, Abzweig **Mariabrunn** bei Ampermoching 10 km; Dachau → **Schloss Oberschleißheim** (S1) 10 km; Oberschleißheim → **Gasthof zur Mühle** Ismaning (S8) 15 km, Abzweig in Garching: **Mühlenpark**; Ismaning → Feldkirchen (S2) 14 km; Feldkirchen → Neubiberg (S6) 15 km; Neubiberg → Buchenhain (S7) 25 km, Abzweig Deisenhofen: **Kugleralm**

Mit dem *Rad* in den Biergarten

Die meisten Biergärten liegen entweder direkt an oder in Reichweite eines beschilderten Radwegs, auf denen man mit einer Grundorientierung ohne gesondertes Kartenmaterial auskommt. Zur besseren Übersicht haben wir die wichtigsten Radrouten in und um München zusammengestellt.

•••• Isarradweg Süd (56 km bis Bad Tölz):

Landschaftlich überaus reizvolle Route mit geringen Steigungen. Bei schönem Wetter herrliche Bergblicke.

Ludwigsbrücke → Reichenbachbrücke (1 km, Abzweig **Nockherberg**) → **Flaucher** (4 km, Westufer) → Marienklause (6 km, Abzweig Hochufer **Menterschwaige**) → Großhesseloher Brücke (8 km, 800 m flussaufwärts Abzweig **Waldwirtschaft**) → Grünwalder Brücke (13 km, Anschluss RadlRing München) → **Klosterbräu Schäftlarn** (22 km) → Ickinger Stauwehr (27 km, Abzweig **Buchsee** 8 km) → **Aujäger** (30 km) → Bad Tölz (56 km)

•••• Isarradweg Nord (55 km bis Moosburg):

Gemütlich rollt man stets an der Isar flussabwärts. Viel Grün und kein Autoverkehr.

Ludwigsbrücke → **Muffatwerk** (0,3 km) → Max-Joseph-Brücke (2,5 km, Abzweig **Chinesischer Turm** und **Seehaus**) → **Aumeister** (8 km) → Ismaning (13 km, Abzweig **Gasthof zur Mühle**) → Isarbrücke Garching (14 km, Abzweig **Mühlenpark**) → Freising (38 km, Abzweig **Bräustüberl** und **Plantage**) → Moosburg (55 km; Abzweig Ammer-Amper-Radweg **Schlossallee Haag** 10 km)

•••• M-Wasserweg (61 km bis Gmund am Tegernsee):

Bis Großhesseloher Brücke mit dem Isarradweg identisch, dann bis zum Mangfalltal größtenteils durch schattigen Wald.

Ludwigsbrücke → Reichenbachbrücke (1 km, Abzweig **Nockherberg**) → **Flaucher** (4 km, Westufer) → Marienklause (6 km, Abzweig Hochufer **Menterschwaige**) → **Kugleralm** (14 km) → Sauerlach (23 km) → Waldkreuzung Hofoldinger Forst (28,5 km, Abzweig Via Julia Richtung **Aying** 4,5 km) → **Bartewirt** (40 km) → Mangfalltal (46 km) → Gmund am Tegernsee (61 km)

Empfohlene Radrouten

•••• Panorama-Radweg Isar-Inn (69 km bis Wasserburg):

Elegante Route durch die Stadtviertel im Münchner Osten. Richtig schön wird die Strecke erst ab Trudering.

Ludwigsbrücke → Gasteig (0,5 km, Abzweig **Hofbräukeller**) → Ostbahnhof (3 km) → St. Veit-Straße (6 km, Abzweig **Michaeligarten**) → Friedenspromenade Trudering (8 km, Abzweig **Franziskanergarten**) → Grasbrunn (16 km) → Grafing (38 km, Abzweig Ebersberger Forst **St. Hubertus** 7 km bzw. **Sauschütt** 10 km) → Wasserburg (69 km)

•••• Ammersee-Radweg (43 km bis Eching am Ammersee):

Eher eine zweckgebundene Route, die häufig auf Radwegen entlang der Autostraßen führt. Ideal für Tempofahrer.

Marienplatz (**Viktualienmarkt**) → Sendlinger Tor (1 km) → Theresienwiese (3 km, Abzweig Hackerbrücke **Augustiner-Keller**) → Heimeranplatz (5 km, Abzweig Westpark **Rosengarten**) → Laim (7 km, Abzweig **Hirschgarten**) → Pasing (11 km, Anschluss Würm-Radweg) → Neuaubing (15 km) → Germering (22 km) → Gilching (31 km) → Weßling (35 km, Abzweig **Seehof** Herrsching 12 km und **Andechs** 17 km) → **Alter Wirt** Etterschlag (40 km) → Inning am Ammersee (43 km) → Eching (46 km; Anschluss Ammer-Amper-Radweg und Abzweig **Kaltenberg** 13 km)

•••• Würm-Radweg Süd (22 km bis Starnberg):

Bis Gauting vorwiegend durch Wohngebiet, dann herrlicher Abschnitt entlang der Würm.

Pasing → Gräfelfing (6 km, Abzweig **Waldheim,** Bahnhofstraße) → **Alter Wirt** Krailling (8 km) → Stockdorf (10,5 km, Abzweig Forst Kasten) → **Leutstetten** (17 km) → Starnberg (22 km, Abzweig **Maisinger Seehof** 5 km)

•••• Würm-Radweg Nord (16 km bis Dachau):

Abwechslungsreiche Flussroute durch den Münchner Nordwesten.

Pasing → Blutenburg (1,5 km, Abzweig Nymphenburg **Fasanerie** 4 km) → **Inselmühle** (3,5 km) → Dachau (16 km)

•••• Ammer-Amper-Radweg Süd (60 km bis Weilheim):

Wege am Wasser vom Feinsten: An der Amper zum Ammersee-Westufer und an der Ammer zum Zielort.

Olching → Esting (1 km, Abzweig **Räuber-Kneißl-Garten** Maising 4 km) → **Fürstenfelder** (11 km) → **Dampfschiff** Grafrath (22 km) → Eching am Ammersee (29 km) → **Alte Villa** Utting (36 km) → Raisting (48 km, Abzweig **Grenzebacher Hofbiergarten** 3 km) → Weilheim (60 km)

•••• Ammer-Amper-Radweg Nord (75 km bis Moosburg):

Kurzweilige Flussroute, die sich am Ende aber ganz schön hinzieht.

Olching → Dachau (11 km) → Ampermoching (17 km, Abzweig **Mariabrunn** 3 km) → Fahrenzhausen (31 km) → **Schlossallee Haag** (65 km) → Moosburg (75 km)

Großraum München

Mit den ersten wärmenden Sonnenstrahlen drängen die Münchner in die grünen Park- und Biergarten-Oasen der Stadt. Freizeit, Kultur und Lebensfreude.

1 Viktualienmarkt Innenstadt

Im *Schlemmerparadies*

Wohlfühloase im Herzen der Stadt

Wer die Kommunikation scheut, wird sich im Biergarten am Viktualienmarkt vielleicht nicht wohl fühlen. Denn an warmen Sommertagen kann man sich glücklich schätzen, zwischen all den Beschäftigten umliegender Büros und Läden, die hier mit Vorliebe ihren Mittagsimbiss einnehmen, Stadtbummlern, die zwischen den Einkäufen gerne mal entspannen und Touristen, die den Markt als Sehenswürdigkeit betrachten, überhaupt einen Platz zu ergattern.

Viel los ist auch vor wichtigen Fußballspielen, wenn hunderte Schlachtenbummler über den Markt ziehen und sich mit lauten Gesängen auf das Ereignis einstimmen. Reisen die Fans aus Mailand, Manchester oder Madrid an, ist die Stimmung noch internationaler als an jenen Tagen, an denen vielleicht die Chinesen oder Japaner in der Überzahl sind.

Wie speziell der Biergarten am Viktualienmarkt ist, beweist übrigens die einzigartige Brauerei-Politik. Statt des üblichen Lieferanten-Monopols kommen die sechs Münchner Brauereien Hofbräu, Löwenbräu, Spaten, Hacker-Pschorr, Augustiner und Paulaner alle paar Wochen abwechselnd zum Zuge. Die Zahl sechs spielt auch bei den legendären Münchner Originalen Karl Valentin, Liesl Karlstadt, Weiß Ferdl, Ida Schumacher,

Sommerliches Treiben auf dem Viktualienmarkt

Leider sind diese Tage selten. Aber wenn es die Arbeit im Fotostudio zulässt und dann auch noch das Wetter mitspielt, dehnt Roland seine Mittagspause auch mal auf zwei oder drei Stunden aus und radelt in stiller Vorfreude auf ein schmackhaftes Menü zum Viktualienmarkt. Schlendert zwischen den Marktbuden hindurch und deckt sich mit knackigem Biogemüse und reifem Käse ein. Holt sich im Fischladen Meier eine frische Bismarcksemmel und in der Confiserie Laporte etwas Himbeergelee. Dazu Brot, eine Maß Bier und der kulinarische Genuss ist abgerundet. Roland schätzt den Viktualienmarkt als stille Oase inmitten der geschäftigen Großstadt. Und dass man hier vom prüden Bankangestellten bis zur quirligen französischen Studentin so vielfältige Sitznachbarn hat.

1 Viktualienmarkt Innenstadt

Die Qual der Wahl an der reichhaltigen Käsetheke

Wirte Familie Hochreiter

Adresse Viktualienmarkt 6, 80331 München

Web www.biergarten-viktualienmarkt.de

Öffnungszeiten Ganzjährig Mo.–Sa. 9–18, im Sommer und bei mildem Wetter auch bis 22 Uhr

Sitzplätze 1000 SB + 100 G

Brauerei Die sechs Münchner Brauereien wechseln sich ab.

Maßpreis 6,20 €

Schmankerltipp Bismarck-Fischsemmel (2 €), 3 Stück Münchner Rostbratwürstel (3 €), Ochs in der Semmel (4,50 €), 2 Stück Original Münchner Bio-Weißwürste (4,40 €)

Anfahrt

ÖVM S-Bahn und U-Bahn Marienplatz

Rad Isarradweg bis Ludwigsbrücke, über Isartor und Tal zum Marienplatz; Lindwurmstraße zum Sendlinger Tor, dann Oberanger, Rosental; Leopold-, Ludwig-, Residenz- und Dienerstraße zum Marienplatz (Nord)

Parkplätze Parkhäuser (z.B. Schrannenhalle) in der Innenstadt

Elise Aulinger und Roider Jackl eine Rolle, zu deren Ehren auf dem Marktgelände jeweils ein Brunnen errichtet wurde.

Vielfältiges kulinarisches Angebot

Bei der Auswahl des Essens hat man angesichts des reichhaltigen Marktangebots die Qual der Wahl. Natürlich kann man sich wie in jedem Biergarten einfach bedienen lassen oder ein Fischgericht aus dem Nordsee-Laden holen. Feinschmecker orientieren sich jedoch mit Vorliebe an den reich bestückten Ständen der Marktaussteller. Das Angebot an frischen Lebensmitteln und Feinkostartikeln ist groß.

Auch Bioware ist auf dem Viktualienmarkt im Trend. Der Öko-Imbiss „Kleiner Ochs'nbrater" etwa verkauft neben Wurstwaren auch frisches Ochsenfleisch vom Gut Karlshof. Biogemüse und -obst findet man beim Bummel über den Markt. Auch ein herzhaftes Bio-Weißwurstfrühstück ist unter den schattigen Kastanien möglich, das Bier wird auch als halbe Maß ausgeschenkt.

Aus der Vogelperspektive

Die Mischung aus gemütlichem Biergarten, regem Marktleben und internationalem Publikum macht den Aufenthalt auf dem Viktualienmarkt besonders reizvoll. Allein das Beobachten der bunten Menschenmenge nimmt viel Zeit in Anspruch, die man sich hier auch nehmen sollte. Den besten Überblick auf das Markttreiben und nebenbei auf die Stadt München genießt man vielleicht vom Alten Peter. Wer den langen Treppenanstieg auf den Aussichtsturm nicht scheut, wird bei guter Fernsicht sogar mit einem beeindruckenden Alpenpanorama belohnt. Für das Rätsel, warum am Turm acht Uhren ange bracht sind, hatte Karl Valentin einst die logische Antwort parat: „Damit acht Leute gleichzeitig auf die Uhr schauen können!“

Die charmante Bedienung und Liesl Karlstadt lassen sich so schnell nicht aus der Ruhe bringen.

Fußgängerzone über Marienplatz zu Stachus (Neuhauser Straße) und Odeonsplatz mit Hofgarten (Wein- und Theatinerstraße), im Isartal ab Ludwigsbrücke (über Marienplatz, Tal, Isartor und Zweibrückenstraße)

Spielzeugmuseum im alten Rathaus, Marienplatz 15, Tel. 089-294001, täglich 10–17.30 Uhr, 3 €, Kinder 1 €, www.spielzeugmuseum-muenchen.de; Bier-Oktoberfest-Museum, Sterneckerstr. 2, Tel. -24231607, Di.–So. 13–17 Uhr, 4 €, www.Bier-und-Oktoberfestmuseum.de; Valentin-Karlstadt-Musäum, Tal 50, Tel. -293762, Mo., Di. + Do. 11.01–17.29, Fr. + Sa. 11.01–17.59, So. 10.01–17.59 Uhr, 2,99 €, www.valentin-musaeum.de; Stadtmuseum, St. Jakobsplatz 1, Tel. -23322370, Di. –So. 10–18, 4 €; Jagd- und Fischereimuseum, Neuhauser Str. 2, Tel. -220522, täglich 9.30–17, Do. –21 Uhr, 3,50 €

Treffpunkt für Sommerfrischler

Abseits der Autos im Isartal

Der Name Flaucher steht gleichermaßen für den bekannten Biergarten und die Isarauen im südlichen Stadtgebiet Münchens. Ein Synonym für Freunde treffen, Feiern, Entspannen und Abhängen. Am großen Kiesbett räkeln sich die FKK-Freunde bereits mit der ersten Frühlingswärme in der Sonne. Ein Hauch von Wildflussromantik in unmittelbarer Nachbarschaft des Tierparks Hellabrunn, die im Sommer durch zahlreiche Grillfeuer noch verstärkt wird.

Vom Flauchersteg sind es nur wenige Meter bis zum Kiosk, hinter dem der Rad- und Fußweg zum Biergarten abzweigt. Leider wurden die massiven Holzbänke im Außenbereich, die sich besonders gut für das private Picknick eigneten, vor einigen Jahren abmontiert. Von hier hatte man sowohl die Bierschenke, die Spielwiese, den Besucherstrom und sein abgestelltes Rad im Blick.

Spielplatz für Kleinkinder

Dafür freuen sich die Hundebesitzer über die Zamperl-Schänke im Eingangsbereich. Weiter links passiert man das Drehkreuz zur Schenke und holt sich auf dem Weg zur Kasse beispielsweise die „bayerischen Tapas“ aus der Vitrine. Beliebt ist auch der Steckerlfisch. Familien mit Kleinkindern orientieren sich in Richtung Spielplatz, der am Rand des bekiesten Terrains liegt. Da das Gelände eingezäunt und gut einsehbar ist, können hier auch gestresste Eltern entspannen. Hinter dem Haus sitzt man hingegen etwas abseits, dafür genießt man bei Fußball-Großereignissen freie Sicht auf die große Leinwand. Auch Volleyball- und Fußball-

Gut, dass der Biergarten an diesem Freitagnachmittag noch nicht so voll ist. Denn auf diese Weise kann Petra mit den anderen Müttern von der Isar-Grundschule in Ruhe das Appetit anregende Buffet aufbauen. Sie feiern das Abschlussfest der Viertklässler, nur zwei Kinder fehlen. Im kommenden Schuljahr verteilen sich die Kinder auf mehrere Schulen, doch an Abschied denken sie noch nicht: Während die Mädchen am Spielplatz toben, jagen die Jungs dem Fußball hinterher. Petra ist seit fünf Jahren Stammgast am Flaucher, weil sie ihn als autofreie Zone zu schätzen gelernt hat.

Freitagnachmittag sind im Biergarten noch einige Plätze frei.

Sommerfrischler auf der Sonnenkiesbank am Flauchersteg

gruppen, die abgekämpft vom Sport nach einer frischen Maß lechzen und immer etwas später dran sind als der große Rest, finden hier wesentlich leichter Platz. Bekannt ist der Biergarten auch für seine kreativen Sommerfeste. Beim „Inseltanz" etwa kommt die Schwulenszene nach dem Sonnenbad am Isar-Flaucher auf ihre Kosten.

Floße und Wellensurfer

Durch die Lage im Isartal und die relativ weit entfernten Parkplätze ist der prozentuale Anteil an Radlern im Flaucher-Biergarten höher als anderswo. Dafür kühlt es abends schneller ab und auch die Gewitter fallen heftiger aus. Bei unsicheren Wetterbedingungen bleibt die Schenke zur Überraschung einiger

2 Zum Flaucher Thalkirchen

Sprung ins Vergnügen: Flöße sind vor allem zwischen Großhesseloher Brücke und Floßlände niemals vor kleinen Piraten sicher.

Pächter Haberl + Schmid Gastronomie

Adresse Isarauen 8, 81379 München

Telefon 089-7232677

Web www.zum-flaucher.de

Öffnungszeiten Täglich 11–0 Uhr, im Winter nur an sehr milden Wochenenden geöffnet

Sitzplätze 2000 SB

Brauerei Löwenbräu

Maßpreis 6,70 €

Schmankerltipp Knödel mit Soße (1,90 €), Maiskolben (2,70 €), bayerischer Wurstsalat (4,30 €), Portion Schweinshaxe (5,80 €)

Anfahrt

ÖVM U3 Brudermühlstraße oder Thalkirchen und zu Fuß in die Isarauen, Bus 54 Schäflarnstraße

Rad Isarradweg (4 km ab Ludwigsbrücke)

Parkplätze In der Hans-Preißinger-Straße am Isarkanal (ca. 500 m entfernt)

durstiger Optimisten schon einmal geschlossen.

Der Flaucher profitiert von der Nähe zur Stadt, liegt aber dennoch inmitten der Natur. Weiter südlich wird das Isartal immer schöner. Gerade mit dem Fahrrad kann man sich einfach treiben lassen und an schönen Plätzen innehalten. Von der Brücke an der Floßlände winken Passanten der fröhlichen Floßgemeinde zu. Richtung Großhesseloher Brücke ist der Kanal noch breit genug, dass Jugendliche zum kühnen Sprung ins kühle Nass ansetzen und der Besatzung einen Wegzoll abverlangen. Auch den Surffreaks, die profihaft auf der Welle reiten, könnte man ewig zusehen.

Beidseitig der Isar, Fußgängerbrücke am Flauchersteg

Wiese in der Waldlichtung

Einsehbarer Spielplatz mit Schaukel und Klettergerüst, vor allem für Kleinkinder geeignet

Isar am Flauchersteg; Naturbad Maria-Einsiedel, Zentralländstr. 28, Tel. 01801-796223, Mai bis September, 3,20 €, www.swm.de

Tierpark Hellabrunn, Tierparkstr. 30, Tel. 089-625080, täglich 8–18 Uhr, 9 €, Kinder die Hälfte, www.tierpark-hellabrunn.de

Inseltanz mit Schwulenplattler, Nacht der 1000 Lichter mit Cocktailbar, Ochsenfest, Public Viewing zur Fußball-WM und -EM

Gibt's hier keine netten Jungs?

Im *königlichen* Gutshof

Schöne Lage am Isarhochufer

Alle Radler und Wanderer, die am Isarhochufer zwischen Großhesseloher Brücke und Tierpark Hellabrunn entlangrollen bzw. -spazieren, kommen ganz automatisch am Gutshof Menterschwaige vorbei. Im Zweifelsfall folgt man einfach einer vergnügten Hochzeitsgesellschaft, die sich nach Kaffee und Kuchen in der näheren Umgebung ein wenig die Füße vertritt. Denn zum Feiern eignet sich die Einkehr allein aufgrund ihrer privilegierten Lage.

Von der Großhesseloher Brücke ist die Menterschwaige nicht mehr weit.

Auch König Ludwig I wusste den Ort wohl zu schätzen, jedenfalls traf er sich hier einst mit seiner hübschen Mätresse Lola Montez zur Schäferstunde. In dem prächtig ausgestatteten Marstall bekamen die Pferde des Königshofs ihr Gnadenbrot. Der Gutshof ist heute übrigens denkmalgeschützt. Die Aussicht auf das Isartal dürfte sich im Lauf der Jahre allerdings aufgrund des kräftigen Baumwuchses eher verschlechtert haben.

Im Sommer Bier, im Winter Glühwein

Das Essen im Biergarten ist ordentlich, wenngleich ein zusätzliches Schmankerl, zum Beispiel ein vegetarisches Gericht aus der bekannt guten und kreativen Küche, die Auswahl bereichern würde. Im Angebot sind original Nürnberger

Crêpes sind eine willkommene Alternative zur herkömmlichen Biergartenkost, und wenn sie mit viel Freude zubereitet werden, schmecken sie noch besser. Andreas, dessen Opa gebürtiger Elsässer ist, war vor neun Jahren zur richtigen Zeit am richtigen Ort, als die Idee des Crêpesverkaufs in der Menterschwaige umgesetzt wurde. Von seinem Stand auf dem Podium, das zu besonderen Anlässen als Tanzbühne dient, überblickt er fast den ganzen Biergarten. Wenn viel los ist, unterhält er die wartende Kundschaft in der Schlange schon mal mit humorvollen Worten. Und wenn bei Regen gar nichts los ist, widmet er sich seiner japanisch-indischen Flöte oder hört Konzerte.

Bratwürste, Fleisch vom Buchholzgrill, Schottenhamel-Wiesn-Hendl, Steckerlfisch von der Fischer-Vroni und Millirahmstrudel nach Omas Rezept. Der Kastanienhain wird von Zeit zu Zeit zurechtgestutzt, damit sich auch ein paar wärmende Sonnenstrahlen in den Biergarten verirren. Immerhin hat die Menterschwaige das ganze Jahr über geöffnet, man kann also auch beim Winterspaziergang hier seine Brotzeit auspacken und sich je nach Temperatur und Laune ein Bier oder einen Glühwein einverleiben. Abends wird es in der höchst gelegenen Freiluftschänke Münchens auch im Sommer kühl. Durch früher abwandernde Gäste ist weniger Ärger mit den betuchten Harlachinger Nachbarn vorprogrammiert.

Isarhochufer und Isartal

Eingezäunter Spielplatz mit Piratenschiff aus Holz, Kletterturm, Schaukel, Rutschen und Torwand, königlich-bayerisches Dampf-Mini-Karussell

Isar im Bereich Großhesseloher Brücke

Bavaria Filmstadt, Bavariafilmstadt 7, Geiselgasteig, Tel. 089-64992000, täglich 9–16 Uhr, Führung 11 €, Stunt Show 8,50 €, 4D Erlebnis Kino 4,50 €, www.filmstadt.de; Tierpark Hellabrunn, Tierparkstr. 30, Tel. -625080, täglich 8–18 Uhr, 9 €, Kinder die Hälfte, www.tierpark-hellabrunn.de

Musikwochen mit wechselnden Bands (14 Tage im Juli), Public Viewing zur Fußball-EM und -WM

Wirte Christian u. Peter Schottenhamel, Ina Dirr

Adresse Menterschwaigstr. 4, 81545 München

Telefon 089-640732

Web www.menterschwaige.de

Öffnungszeiten Täglich 11–22 Uhr, im Winter je nach Bedarf

Sitzplätze 2000 SB + 500 G

Brauerei Löwenbräu

Maßpreis 6,90 €

Schmankerltipp Frische Crêpes (2,80–3,20 €), Griebenschmalzbrot (1,80 €), Bratwurstschnecke in der Semmel (3,20 €), Chicken Wings (5,80 €)

Anfahrt

ÖVM U1 Wettersteinplatz, Anschluss Tram 15 + 25 Menterschwaigstraße

Rad Isarradweg: Ludwigsbrücke – Tierpark Hellabrunn (5 km), Marienklause (6 km) oder Großhesseloher Brücke (8 km), Isarhochufer Harlaching

Parkplätze Am Biergarten und in den umliegenden Straßen

Jazzklänge im Isartal

Moderne Bieroase im Süden Münchens

Wer wie der Autor in Pullach zur Schule ging, kennt die Waldwirtschaft wie seine Westentasche. Vom jobbedingten Maßkrugwaschen im Schneetreiben bis zur ausgelassenen Klassenparty sind viele Erinnerungen haften geblieben. Am Ambiente hat sich in den letzten Jahren trotz Modernisierung nicht viel verändert. Das Publikum ist durch die Nähe von Pullach und Grünwald immer noch elitärer als anderswo. Und die aus München, Prag und Warschau stammenden Jazzbands treten seit einer gefühlten Ewigkeit hier auf.

Anlässlich eines runden Geburtstages trifft sich ein ehemaliger Pullacher Freundeskreis in der Waldwirtschaft. Selbst der Fotograf aus Thailand ist zu diesem Anlass angerückt. Und auch Sabine kommt auf diese Weise nach über 15 Jahren mal wieder in die gute alte „Wawi“. Ihre fünfjährige Tochter Luisa ist von der Jazzmusik der Prager Revival Swing Band so angetan, dass sie beschwingt die Tanzfläche eröffnet und von selbiger kaum mehr loszueisen ist. Immerhin spart Sabine sich auf diese Weise Geld, denn zuvor hat Luisa schon das ganze Kinderprogramm von Trampolin bis Hüpfburg mitgemacht. Über die hohen Preise der Kinderattraktionen ist sie schon ein wenig erstaunt, was ihrer guten Laune aber keinen Abbruch tut.

Eine Ewigkeit ist auch der bis heute unerreichte Bierausschank-Rekord her: Am Pfingstsonntag 1900 wurden zur 100-Jahr-Feier des Tanzpavillons, einst beliebter Treffpunkt der Jugend, sagenhafte 123 Hektoliter verkauft. Die Ausschank-Tradition reicht sogar bis in das 15. Jahrhundert zurück.

Die Lage im grünen Isartal und die Jazzgruppen machen den individuellen Charakter der Waldwirtschaft aus.

Tradition und Revolution

Die Tradition wird in der Waldwirtschaft bis heute gepflegt. Im Internet bewirbt die Einkehr ihre bayerische Küche mit den Attributen exklusiv und elegant. Im Biergarten sind Sauerkraut, Schupfnudeln und der Obatzde haus-

4 Waldwirtschaft Großhesselohe

An der Floßlände vorbei radelt Christine in Richtung Süden.

Wirt Sepp Krätz	
Adresse Georg-Kalb-Str. 3, 82049 Großhesselohe	
Telefon 089-74994030	
Web www.waldwirtschaft.de	
Öffnungszeiten April bis September täglich 11–23 Uhr; März und Oktober nur bei sehr milden Temperaturen	
Sitzplätze 2500 SB + 250 G	
Brauerei Spatenbräu	
Maßpreis 7 €	
Schmankerltipp Salatschüssel (4,50 €), Maultaschen mit Sauerkraut (6 €), 1/2 Hendl (6,50 €, mittags 5 €), Steckerlfisch (Makrele 3 €, Forelle 3,60 € je 100 g)	
Anfahrt **ÖVM** S7 Großhesselohe Isartalbahnhof, auf der Kastanienallee zur Georg-Kolb-Straße (ca. 10 Min. zu Fuß) **Rad** Isarradweg: Ludwigsbrücke – Großhesseloher Brücke, steiler Abzweig vom Isartal ca. 800 m südlich 89 km) **Parkplätze** Parkplatz am Biergarten (2 € Gebühr)	

gemacht, der Kartoffelsalat aufgrund des Ansturms hingegen nicht. Je nach Angebot wandert ein frisches Tagesgericht, zum Beispiel frisches Wokgemüse, von der Küche in die Verkaufsvitrinen im Freien. Zu empfehlen sind auch die Spareribs und die Hendl, die mittags übrigens um mehr als 20 Prozent günstiger sind als abends.

Mittags sind an Werktagen auch bereits die Jazzbands im Einsatz, sofern sich das Wetter wohlgesonnen zeigt. Bereits ab Anfang April beginnt die Freiluftsaison mit wöchentlich wechselndem Aufgebot; das Jahr über ist insgesamt rund ein Dutzend teils internationaler Jazzbands vor Ort. Spätestens um 21.30 Uhr sind die Veranstaltungen zu Ende, und wenn die Forderung der Anwohner in die Tat umgesetzt worden wäre, müssten zu diesem Zeitpunkt auch die Schankhähne zudrehen und die Leute nach Hause gehen. Doch im Sinne der bayerischen Gemütlichkeit und Tradition wehrte sich die Waldwirtschaft mit der legendären Biergartenrevolution von 1995 erfolgreich gegen den vorgezogenen Zapfenstreich.

Radtour in den Münchner Süden

Da die Waldwirtschaft so schön im Grünen liegt und Parkplätze bei großem Andrang Mangelware sind, ist sie besonders mit dem Fahrrad zu empfehlen. Auf dem Isarradweg rollt man von der Stadt gemütlich nach Süden und sollte an der Marienklause die Isar von Ost nach West überqueren. An Hinterbrühler See und Floßlände vorbei gelangt man am Isarkanal zur Großhesseloher Brücke, wenig später erreicht man die steile Aufstiegsrampe zur Waldwirtschaft. Falls jemand die Rückfahrt scheut: Es geht immer nur bergab, und die nächste S-Bahnstation ist auch nicht weit.

Tiefblick von der Großhesseloher Brücke auf das Isarplateau

Isartal, Richtung Burg Schwaneck und Großhesseloher Brücke

Minigolf und PitPat am Waldrand (18 Bahnen bzw. 18 Tische mit Hindernissen, 4 €, Nachspiel 3,50 €)

Spielplatz, Kindereisenbahn (1,50 €), Schiffsschaukel (1,50 €), Hüpfburg (3,50 €), Trampolin (2,50 €)

Isarplateau unter der Großhesseloher Brücke

Bei gutem Wetter täglich Live-Jazz-Musik (April bis September, Bandspielplan siehe Internet), Pullacher Kocherlball (Juli, eine Woche nach dem Kocherlball am Chinesischen Turm), Sommerfest (Anfang August), Public Viewing zur Fußball-WM und -EM

Mit *Rad* und *Familie*

Viele Kinderattraktionen

Die Kugler Alm bietet versteckte Gartennischen ...

Die Kugler Alm steht in der Hitliste der Kids ziemlich weit oben. Kleinkinder haben inklusive Tisch und Sitzbank ihren eigenen Bereich, und auch die älteren Kinder finden am Rand des Biergartens interessante Spiele. Einmal im Jahr gibt es einen großen Malwettbewerb und das beliebte Kinder-Maibaumaufstellen. Wer mit dem Fahrrad erscheint, rundet den Familientag perfekt ab. Denn die Fahrradwege rund um Perlacher und Grünwalder Forst verlaufen eben und fernab des Autoverkehrs. Gleiches gilt für das Isartal, das man an der nur fünf Kilometer entfernten Großhesseloher Brücke erreicht.

Nach einem ausgiebigen Spaziergang an den Osterseen steuern Tobias und Tanja mit ihren Söhnen Felix und Constantin auf dem Heimweg direkt zur Kugleralm, um dort den warmen Sommertag ausklingen zu lassen. Für Speis und Trank lassen sie sich direkt auf den gelben Bierbänken im eingezäunten Spielplatzbereich nieder. Auf diese Weise können die Kinder auch mal ein wenig das Gelände unsicher machen, ohne aus dem Blickfeld der Eltern zu verschwinden.

Pächter Haberl + Schmid Gastronomie

Adresse Linienstr. 93, 82041 Deisenhofen

Telefon 089-6139010

Web www.kugleralm.de

Öffnungszeiten Täglich 10–22.30 Uhr, im Winter nur an warmen Wochenenden

Sitzplätze 2500 SB + 150 G

Brauerei Spatenbräu

Maßpreis 6,70 €

Schmankerltipp Original Elsässer Flammkuchen mit Speck und Zwiebeln (5,90 €), Folienkartoffel mit Sauerrahm (2,60 €), Schmalznudel (2,60 €), Mittagsmenü werktags 11.30–14 Uhr (5,40 €), ganzes Spanferkel (nur So.)

Anfahrt

ÖVM S5 Furth und wenige Minuten zu Fuß

Auto A995 Richtung Salzburg, Ausfahrt Oberhaching, Richtung Grünwald und beschildertem Abzweig folgen (großer Parkplatz)

Grünwalder und Perlacher Forst

M-Wasserweg: München – Deisenhofen (13,5 km ab Ludwigsbrücke; 5,5 km ab Großhesseloher Brücke); Via Bavarica Tyrolensis

Großer, eingezäunter Spielplatz mit Bobbycarbahn (ideal für Kleinkinder), diverse Spiele, Ponyreiten an jedem 3. So. im Monat (1,50 €), Hüpfburgen (zu Aktionen)

Auf der Ponywiese

Kinder-Maibaumaufstellen (30. April), diverse Musikkapellen, Ochsenfest

Der Trick mit der Radlermaß

Wenn die Reifen für die Rückfahrt nicht prall genug gefüllt sind, kann man sich an der Radl-Aufpumpstation bedienen. Ein guter Werbegag ist dieser Service allemal. Mit der Radlermaß hat der gute Franz Xaver Kugler jedoch ein wenig zu dick aufgetragen. Lange Zeit hielt sich die Legende, dass der Wirt im Jahr 1922 bei starkem Andrang mangels Biervorräte den Gerstensaft mit Zitronenlimonade verdünnte und somit als Gründer des beliebten Mixgetränks in die Annalen einging. Eine Radler für den Radler, besser kann man einen Werbespruch für einen Biergarten im Grünen nicht formulieren. Inzwischen hat sich aber herausgestellt, dass das Getränk bereits Ende des 19. Jahrhunderts bekannt war.

... und viel Freiraum für Kinder.

Rosenduft und Freiluftkino

Freizeitoase im Münchner Westen

Obwohl der Mittlere Ring den Westpark in zwei Hälften teilt und sich die Lindauer Autobahn im Norden anschmiegt, ist von Verkehrslärm nichts zu hören. Dieses Phänomen ist dem Landschaftsarchitekten Peter Kluska zu verdanken, der den Park anlässlich der Internationalen Gartenbau-Ausstellung 1983 gestaltete. Am Rand des langgestreckten Tals mit Bachläufen und Seen ließ er zum Schutz vor Lärm und Abgasen stattliche Erdhügel aufschütten und mit 5000 Bäumen sowie 100000 Pflanzen begrünen.

Irgendeine Rosenart blüht zwischen Mai und September im Rosengarten immer.

Bereits im März schießen tausende Frühlingsblumen aus der Erde und verwandeln den Park in ein buntes Blütenparadies. Unzählige Spaziergänger, Radler, Skater, Nordic Walker und Jogger sind dann auf den Beinen. Auf den großzügigen Wiesen treiben Fußball-, Volleyball- und Gymnastikgruppen ihren Sport. Und türkische Familien sorgen rundum für die entsprechende Grillatmosphäre.

Wie vor 25 Jahren

Am Westende und höchsten Punkt des Parks liegt der Rosenhügel mit dem beliebten Rosengarten. Am äußeren Erscheinungsbild des Biergartens hat sich seit der Gründung nichts verändert. Die Essensauswahl entspricht mit Steckerlfisch, Spareribs, Hendl, Currywurst und Obatzda dem üblichen Standard. Wer im Freundeskreis ab

Als Blumen- und Zierpflanzengärtnerin ist Evi im Rosengarten von Frühjahr bis Herbst bestens aufgehoben. Mit fachkundigem Blick inspiziert sie Gewächse und Blüten der gepflegten Beete, die teilweise richtig schön eingewachsen sind. Welch Farbenpracht, welch herrlicher Duft! Sie freut sich über die vielfältige, durchdachte und naturnahe Pflanzenauswahl und lässt sich immer wieder für ihren eigenen Schrebergarten inspirieren, der nur zehn Radminuten vom Rosengarten entfernt ist. Nach dem Rundgang durch das kleine Blütenparadies kommt ihr die Einkehr im nahen Biergarten sehr gelegen. Ihr Lieblingsplatz ist ganz am Rand, weil sie von dort Park und Blumen bestens überblicken kann.

6 Rosengarten Westpark

Westpark

Weitläufige Parkwiesen

Kleiner Spielplatz; Abenteuerspielplatz mit Riesenrutschen, Klettergerüst und „Kneipp-Bad" außer Sichtweite

Theater, Konzerte und Kino-Openair (Juli und August, www.kino-mond-sterne.de) auf der Seebühne

Blütenzauber im Westpark, Seeblick vom Biergarten und eine rasante Rutsche für die Kinder

Wirte Michael und Christoph Zauner	
Adresse Westendstr. 305, 81377 München	
Telefon 089-57869300	
Web www.rosengarten-westpark.de	
Öffnungszeiten Täglich 9–23 Uhr	
Sitzplätze 1500 SB + 350 G	
Brauerei Paulaner	
Maßpreis 5,80 € (Paulaner), 6,40 € (Hacker Pschorr Kellerbier)	
Schmankerltipp Ofenkartoffel mit Kräutersauerrahm (4,20 €), Currywurst mit Pommes (5,90 €), Spareribs mit Krautsalat (10,80 €), Makrele (Steckerlfisch) vom Holzkohlegrill (12,80 €)	
Anfahrt **ÖVM** U6 Westpark, zu Fuß über den Krüner Platz zum Park; U4 und U5 Westend, Tram 18 Stegener Weg; Bus 51/151 Andreas-Vöst-Straße **Rad** Ammersee-Radweg: Marienplatz bis Heimeranplatz, von der Hansastraße den Westpark durchqueren (7 km) **Parkplätze** Großer Parkplatz an der Westendstraße	

zehn Personen feiern will, kann auf das 199-Euro-Angebot zurückgreifen, das ein 20-Liter-Bierfass zum Selbstzapfen sowie Spareribs, Speckkrautsalat und Ofenkartoffeln beinhaltet. Die Wirte denken auch darüber nach, ein italienisches Buffet und eine Tanzveranstaltung mit Musik zu organisieren. Auf diese Weise würde ein wenig frischer Wind durch den Biergarten wehen. Erfrischend und eine gute Alternative zum Kellerbier ist übrigens die Rhabarber- und Grapefruit-Saftschorle.

20000 Rosen und asiatische Sehenswürdigkeiten

Direkt unter dem Biergarten breiten sich die Rosenbeete aus. Über 500 Sorten, die spezielle Namen wie „Duftwolke" oder „Duftfestival" tragen, sind in den angrenzenden Gartenanlagen zu bestaunen. Zur Hauptblütezeit legt sich ein betörender Duft über den Park. Richtung Parkmitte kommen die asiatischen Elemente zum Zug: Der japanische Garten wurde von Münchens Partnerstadt Sapporo, der chinesische Garten von sechs Gärtnern aus Kanton angelegt. Die Pagode wurde von 200 nepalesischen Handwerkern in deren Heimat geschnitzt. Das beliebteste Fotomotiv ist die Sala Thai, ein neun Meter hoher Tempel, an dem im Sommer buddhistische Vollmondfeiern stattfinden. Viel Leben regt sich im Park auch während der Kino-Openair-Abende, die viele Besucher mit dem Abstecher in den Rosengarten verbinden. In besonders lauen Nächten schließt der Biergarten deshalb erst gegen ein Uhr.

Wo die *Wildschweine* grüßen

Ruhige Lage am westlichen Stadtrand

Die umtriebigen Wirtsleute Barsy und Eckl haben aus der einst langweiligen Einkehr ein lebendiges Kulturzentrum geschaffen. Mit regelmäßigen Veranstaltungen ködern sie ein Publikum, das früher einen großen Bogen um Waldheim machte. Zwecks Publicity kam sogar das „Wildschwein-Echo" mit einer Druckauflage von 3000 Exemplaren auf den Markt. Als ob das Grunzen der Wildschweine vom Forstenrieder Park über die Autobahn und Fürstenried bis an den Stadtrand von Großhadern dringen könnte. Inzwischen wurde das Mini-Blatt wieder eingestellt, ein Faltblatt kündigt nun die Veranstaltungstermine an.

Der Waldheimer Biergarten liegt angenehm ruhig unter schattigen Kastanien.

Bayerische Gemütlichkeit

Von der vermehrten öffentlichen Aufmerksamkeit profitiert auch der Biergarten, obwohl es dort vergleichsweise ruhig geblieben ist. Zum einen finden die Veranstaltungen vorwiegend abends im großen Saal statt, zum anderen ist das Publikum, zu dem sich auch Ärzte und Krankenschwestern aus dem nahen Großklinikum gesellen, in der Regel ganz gesetzt. Der Biergarten strahlt auf Anhieb jene bayerische Gemütlichkeit aus, in der affiges Promigehabe fehl am Platz ist. Viele verbinden die Einkehr mit einem Waldspaziergang im Fürstenrieder Wald, der getrennt von der Fürstenrieder Straße in den weitläufigen Forstenrieder Park übergeht. Auch die Gastronomie zeichnet sich seit dem

Sommerfest in Waldheim: Passendes Kostüm zum Thema Afrika

Angrenzende Grünanlage, Waldfriedhof (Eingang Lorettoplatz), Weichselgarten, Fürstenrieder Wald, Forstenrieder Park

Wiese in angrenzender Grünanlage

Mini-Klettergerüst mit Rutsche, kleines Karussell

Gruppe Los Mariachis del Mariachi zum Vatertag, Sommerfest mit Sommermotto (z.B. Afrika, Juli); Livebands, Musik-Kabarett, Theater und Tanz im eigenen Veranstaltungshaus (Programm siehe Internet)

Pächterwechsel durch mehr Vielseitigkeit aus. Neben bayerischen Schmankerln wie die klassischen Spareribs gibt es auch internationale Gerichte. Von Zeit zu Zeit sorgen spezielle Themen wie die Pasta- oder Wokstation für kulinarische Abwechslung.

Einmal pro Jahr fahren Petra und Jürgen von Mühlheim bei Frankfurt nach München, um den Bruder zu besuchen. Normalerweise radeln sie bei schönem Wetter von dessen Sendlinger Wohnung auf direktem Weg zum Starnberger See, doch heute sind sie etwas vom Kurs abgekommen und zufälligerweise im Waldheim gelandet. Macht nichts, Hauptsache Biergarten! Denn die Kombination aus aktiver Bewegung per Rad und Schlemmervergnügen im Biergarten wissen die beiden sehr wohl zu schätzen. Normalerweise nehmen sie sich ihre eigene Brotzeit mit, auch weil dies in den Biergärten ihrer Heimat, die sich eigentlich „Gastgärten" nennen müssten, nicht möglich ist.

Pächter Johanna Barsy, Tony Eckl

Adresse Waldheim 1, 81377 München

Telefon 089-716065

Web www.waldheim.de

Öffnungszeiten Täglich 10.30–22.30 Uhr

Sitzplätze 2500 SB

Brauerei Hacker-Pschorr

Maßpreis 6,80 €

Schmankerltipp Bratwurst vom Grill (2,50 €), Schupfnudeln mit Sauerkraut (5 €), Tomaten mit Mozzarella (6,50 €), Countrykartoffeln mit Sauerrahm und geräuchertem Lachs (7 €)

Anfahrt

ÖVM U6 Klinikum Großhadern oder S-Bahn Pasing und Bus 56, Bus 54 Lorettoplatz und 5 Minuten zu Fuß (Zöllerstraße)

Rad bis Rosengarten siehe Seite 31; Gilm-, Ehrwalder-, Kornweger-, Kriegerheim- und Zöllerstraße

Parkplätze Großer Parkplatz direkt am Biergarten

Action für die Youngsters

Waldidylle zwischen Würm und Forstenrieder Park

Nach seinem Winterschlaf im Januar und Februar erwacht das Forsthaus Kasten ab März wieder zu neuem Leben. Mit den ersten warmen Tagen sprudelt auch das erste Bier aus dem Zapfhahn, und bis zum legendären Frühlingsfest Ende April ist es dann auch nicht mehr weit. Weitere Veranstaltungen folgen im Lauf des Jahres, Langeweile kommt an der markanten Lichtung im Forst Kasten unter Garantie nicht auf. Vor allem Familien mit Kindern genießen die schöne Lage und das vielfältige Angebot.

Kinder dribbeln zwischen den Bierbänken hindurch …

Das Ehepaar Barsy leitet den Biergarten, dem eine ausgezeichnete Gastronomie angeschlossen ist, bereits seit 1990. Neben der herkömmlichen Kost gibt es schmackhafte vegetarische Gerichte wie mediterranes Gemüseragout, auch die Salatbar wird gut angenommen. Das Gelände ist sehr weitläufig: Während sich die Familien eher in den Obstgarten oder in Richtung Freizeitpark orientieren, trifft sich im Hauptbereich ein bunter Mix an Ausflüglern unter den Kastanien.

Kleines Kinderparadies

Bereits im Eingangsbereich stößt man auf den schön angelegten Spielplatz, wo es für die Kleinen kein Halten mehr gibt. An der Westseite warten die beiden

Pächter Johanna und Johann Barsy

Adresse 82131 Gauting

Telefon 089-8500360

Web www.forsthaus-kasten.de

Öffnungszeiten März/April und Oktober Mi.–So. ab 11 Uhr, Mai bis September Di.–So. 10–23 Uhr (bei halbwegs schönem Wetter und entsprechenden Temperaturen)

Sitzplätze 1800 SB + 100 G

Brauerei Paulaner

Maßpreis 6,80 €

Schmankerltipp Rösche Bratkartoffeln aus der Riesenpfanne mit Tzatziki (5,20 €), mediterranes Gemüseragout mit frischen Kräutern und Strauchtomaten (6,50 €), Portion Spareribs mit pikanter Soße (10,80 €), knuspriges Spanferkel mit Kartoffelknödel (9,50 €)

Anfahrt

ÖVM S6 Gauting und ca. 2 km zu Fuß

Auto A95 Ausfahrt Fürstenried, in Neuried Richtung Gauting, im Forst Abzweig beachten (großer Parkplatz am Haus)

... und haben Spaß im Funpark.

Da die Mama gerade per Wohnwagen mit dem Opa nach Venedig verreist ist, sind Moritz, Felix und Leoni mit ihrem Papa allein im Biergarten unterwegs. Halt, stimmt nicht ganz: Die Oma ist auch mit von der Partie. Immerhin ist Leoni noch im Säuglingsalter, da kann ein bisschen Unterstützung nicht schaden. Wenn Biergarten, dann Forsthaus Kasten. Denn Eltern mit Kleinkindern atmen bereits am Parkplatz auf: Keine lästige Autostraße weit und breit. Dafür Wiesen und Wälder, soweit das Auge reicht. Die Möglichkeiten zum Krabbeln, Schauen und Spielen sind schier grenzenlos. Besonders gern sitzt die Familie abseits des Hauptgeschehens im hinteren Gartenteil unter den Kirschbäumen.

Esel Samson und Lauser darauf, gestreichelt zu werden. Außerdem laufen Schafe, Ziegen und Hasen im Gelände herum. Hauptattraktion ist der Funpark mit seinen Hüpfburgen und dem Bungee-Trampolin. In den Sommerferien haben Kinder und Eltern Spaß im Maislabyrinth. Für das kombinierte Programm inklusive Minigolf und Flatrate müssen die Eltern 9,50 Euro pro Kind investieren.

Hin an der Würm, zurück durch den Forst

Mit etwas älteren Kindern bietet sich eine kleine Radtour zum Forsthaus Kasten an. Auf dem Würm-Radweg geht es gemütlich bis Gauting, dann folgt der malerische Flussabschnitt nach Mühlthal. Hier unbedingt mal absteigen, einen der Stichwege in das grüne Dickicht folgen und auf Entdeckung gehen. Hinter Leutstetten führt eine kleine Teerstraße auf eine Anhöhe, dann folgt der beschilderte Abzweig über Buchendorf direkt in den Biergarten. Nach der Einkehr rollt man gemütlich durch den Forstenrieder Park in den Münchner Südwesten.

Die verschiedenen Gesichter der Würm: Radweg im Hochsommer und Wasserspiegelung an einem milden Frühjahrstag

Unbegrenzte Möglichkeiten im Forstenrieder Park, Würmtal bei Gauting

Würmtal-Radweg: Pasing – Stockdorf, Abzweig Forsthaus Kasten (13 km); RadlRing München: Buchenhain (S 7) – Buchendorf, Abzweig Forsthaus Kasten (12 km)

Spielplatz mit Sandkasten, Klettergerüst, Schaukel und Rutsche, Funpark mit Hüpfburgen (3 €), Trampolin (3 €), Maislabyrinth (3,50 €, Sommerferien), Fußball-Torwand, Tiergehege

auf der Picknickwiese, Minigolf (3,50 € inklusive PitPat Flatrate)

Badestelle in der Würm bei Leutstetten

Frühlingsfest (letztes WE April), regelmäßige Musikveranstaltungen mit Biergarten-Jazz oder Countrymusik (Programm siehe Internet), österreichisches Weinfest mit den Forsthaus-Musikanten (September)

Italienische Nacht am Würmwasser

Chefin mit Event-Ideen

Die Holztische an der Würm sind immer am schnellsten belegt. Nur durch einen Zaun getrennt sitzt man direkt am sprudelnden Wasser und genießt das erfrischende Flussambiente, das für einen Biergarten ja nicht alltäglich ist. Richtung Lokal sind die Tische am Nachmittag der Sonne ausgesetzt und mit Schirmen überspannt. Durch die überschaubare Größe fühlen sich hier vor allem Individualisten wohl.

Ein Grill als Experiment

Die Plätze am Wasser sind schnell belegt.

Stammgäste genießen nach jeder zehnten Maß das Privileg einer Gratis-Maß. Gelegentlich wird das Bier sogar aus dem Holzfass gezapft. Für den Sommer 2009 beabsichtigt die Wirtin Susanna Möller die Inbetriebnahme eines Grills, auf dem die Gäste ihr mitgebrachtes Fleisch braten können. Bei positivem Echo und reibungslosem Ablauf will die Chefin diesen Extraservice eventuell als festen Bestandteil ihres Biergartens einführen.

Fest etabliert haben sich inzwischen die drei Sommerfeste pro Freiluftsaison. Bei der italienischen Nacht gibt es Livemusik von „Piazza Grande“ und ein dem Thema angepasstes Buffet. Auch die karibische Nacht erfreut sich großer Beliebtheit. Für das dritte Fest ist das Thema variabel.

Susanna Möller führt den Alten Wirt seit 2005 in Eigenregie. Eine große Herausforderung, zumal das Lokal mit durchgehend warmer Küche täglich geöffnet hat und sie nebenbei ihren vierjährigen Luiz bei Laune halten muss. Letzteres führt dazu, dass vor allem Kleinkinder im Biergarten mit dem Sandkasten und sonntäglicher Gratis-Betreuung gut aufgehoben sind. Die Erwachsenen erfreuen sich am ganzjährigen Kulturprogramm und an immer wieder neuen Ideen, mit denen die quirlige Wirtin so etwas wie Langeweile erst gar nicht aufkommen lässt.

Im Kreuzlinger Forst zahlreiche Wanderwege und Pfade: u.a. Trimm-Dich-Pfad nahe S-Bahnhof Stockdorf und beschilderter Abstecher nach Maria Eich ab S-Bahnhof Planegg

Würmtal-Radweg: Pasing – Krailling (8 km)

Jeden So. ab 11.30 Uhr kostenlose Kinderbetreuung mit Basteltisch, eigener Sandkasten mit Karussell für Kleinkinder

Italienische und karibische Nacht, Großleinwand zur Fußball-Bundesliga bei Spielen des FC Bayern bzw. zur EM und WM

Wirtin Susanna Möller

Adresse Margaretenstr. 31, 82152 Krailling

Telefon 089-89198444

Web www.alterwirtkrailling.de

Öffnungszeiten Mo.–Fr. 16–22.30 Uhr (10–16 Uhr Schenke im Lokal), Sa. + So. 10–22.30 Uhr

Sitzplätze 400 SB + 200 G

Brauerei Augustiner

Maßpreis 6,10 €

Schmankerltipp Portion Emmentaler mit Butter (3,90 €), Ofenkartoffel mit Kräuterquark (4,50 €), hausgemachte Bratensülze mit roten Zwiebeln (5,20 €), Schweizer Wurstsalat (5,70 €)

Anfahrt

ÖVM S6 Planegg, vom Bahnhofsplatz Bus 967 bzw. 969 bis Station Margaretenstraße

Auto A96 Ausfahrt Gräfelfing, Pasinger Straße durch Gräfelfing und Planegg nach Krailling; A95 Ausfahrt Fürstenried, Neurieder Straße nach Neuried und Münchener Straße nach Planegg, links in die Gautinger Straße

Die Würm südlich von Gauting

Familientreff am Waldrand

Geheimtipp im Münchner Westen

Das kulinarische Angebot ist in Waldheim sehr überschaubar, doch darauf kommt es in diesem Biergarten gar nicht an. Vor allem Familien aus der näheren Umgebung pflegen hier unter dem Blätterdach der Linden und Eichen ihre sozialen Kontakte. Während die Kinder am schattigen Spielplatz herumturnen, genießen die Eltern abseits von Rummel und Hektik die Ruhe. Das Gelände ist weiträumig genug, sodass sich auch der Fremde oder Erstbesucher auf Anhieb wohl fühlt. Und die Maß Bier kostet so wenig wie nirgendwo, was das Wohlbefinden noch verstärkt.

Biergarten mit eigenem Maibaum

Der Biergartenbetrieb läuft unter der Regie des evangelischen Handwerkervereins und wird nicht groß beworben. Aus diesem Grund findet man im näheren Umkreis auch keinerlei Wegweiser zu diesem versteckten Ziel, das selbst in vielen Wanderkarten nicht eingezeichnet ist. Man kennt den Biergarten oder man kennt ihn eben nicht.

Christian und Kirstin fahren mit ihren Töchtern Sophie und Anne sehr gerne in den Waldheimer Biergarten. Mit dem Fahrrad dauert die Anreise von Germering über Freiham nur eine gute Viertelstunde. Am Rand des Biergartens breiten sie ihre Brotzeit aus und genießen den lauen Sommerabend. Während Anne mit dem Mischlingshund Camillo um die Wette läuft, drängt Sophie ihren Papa zum gemeinsamen Kick auf der nahen Spielwiese. Schließlich will sie – ein überzeugter 1860-München-Fan – ab der kommenden Saison in den Fußballverein Unterpfaffenhofen-Germering eintreten und da kann ein bisschen Training nicht schaden.

Würzige Waldluft

Waldheim liegt abseits der letzten Wohnhäuser bereits im Forst. Nur ein Katzensprung von den Bierbänken entfernt beginnt der Wald mit einer einladenden Wiesenlichtung, an der zwischen vereinzelten Picknickdecken Frisbees und Fußbälle durch die Luft fliegen. Natur pur am Rand der Großstadt. Mit summenden Bienen und würzigem Kräuterduft. Vom nur hundert Meter entfernten, von grünem Dickicht umrankten Biergarten ist fast nichts mehr zu sehen. Doch wer Durst verspürt, fühlt sich rasch an ihn erinnert und holt sich in wenigen Minuten sein Erfrischungsgetränk. Das Essen wird frisch zubereitet, die Zeit ist sekundär. Man sollte auf Tuchfühlung bleiben, sonst hört man nicht, wenn die Nummer für die Essensausgabe aufgerufen wird. Denn auf Lautsprecher verzichtet man hier ganz bewusst.

Sprint mit Hund und Kick mit Ball

Wirte Franz und Beatrice Gremm

Adresse Geigerstr. 33, 82166 Gräfelfing

Telefon 089-85 19 14

Öffnungszeiten Mai bis Sept. Di.– Fr. 14–22 Uhr, Sa. + So. 10–22 Uhr, während der Schulferien werktags teils erst ab 18 Uhr

Sitzplätze 300 SB

Brauerei Spatenbräu

Maßpreis 4,40 €

Schmankerltipp Currywurst mit Pommes (5 €), Schweizer Wurstsalat (4,30 €), Schnitzel mit Pommes (6,20 €), Salatteller mit Thunfisch (5,50 €)

Anfahrt

ÖVM S6 Gräfelfing, ca. 10 Min. Fußmarsch (Bahnhofstraße West, Ruffinialle, Waldstraße, Geigerstraße bis zum Waldrand)

Auto A96 Ausfahrt Gräfelfing, ab Bahnhof s.o.; A95 Ausfahrt Fürstenried, Neurieder Straße nach Planegg, rechts nach Gräfelfing (Bahnhof) und wie oben

Zahlreiche Wege und Pfade im angrenzenden Planegger Holz

Würmtal-Radweg: Pasing – Gräfelfing; Abzweig Bahnhofstraße (8 km)

Schöner Waldspielplatz, umliegende Wiesen mit Wald

Größere Wiese zwischen Biergarten und Wald, Tischtennisplatte, Curlingbahn

Flussrauschen im Ohr

Traumlage an der Würm

Würde die Münchner Abendzeitung ihre populäre Leseraktion „Mein schönster Biergarten" um das Attribut „versteckter" erweitern, die Insel-Mühle wäre Topfavorit für den ersten Platz. Denn erst unmittelbar vor dem alten Mühlrad am Eingang verinnerlicht der Fremde, dass er sich nicht verlaufen hat. Das Rauschen der Autos von der viel befahrenen Von-Kahr-Straße geht fast fließend in das Rauschen der sprudelnden Würm über. Auch das dichte Blätterdach der schönen Kastanien trägt zur kleinen Flussidylle bei.

An Fischweiher und Würm

Traumlage am Flusswasser

Speziell an heißen Sommertagen sind die Plätze an der Würm begehrt, da der quirlige Fluss für Kühlung und das Rauschen des Wassers für Entspannung sorgt. Am kleinen Flussweiher füttern Kinder die Weißfische, auch Enten machen hier Station. Mit wachsamem Auge beobachten die Eltern, dass ihre Sprösslinge sich vom Flussufer fernhalten; das Wasser der Würm ist reißend und kalt. Alternativ turnen die Kinder am vor wenigen Jahren errichteten Spielplatz herum, der die Kapazität des ohnehin familiären Biergartens von 700 auf 500 Plätze reduziert hat.

Die individuelle Note macht den Reiz der Insel-Mühle aus. Hier darf sich der Gast auch mal Bier nachschenken lassen oder ein bisschen Kartoffelsalat nachordern. An Werktagen gibt es bis 17 Uhr die Happy Hour mit Preisen von vor 10 Jahren, die Maß Bier kostet dann nur 4,50 Euro. Gefragt ist auch die „Sensation"

Annemarie und Manfred sind seit Jahren Stammgäste in der Insel-Mühle. Meistens suchen sie den Biergarten am späten Nachmittag auf, um sich vor dem großen Ansturm noch einen Platz an der Würm zu sichern. Im Gegensatz zu sonstigen Gepflogenheiten sind sie dieses Mal nicht mit dem Fahrrad da. Zu der mitgebrachten Bratensülze holt sich Manfred noch eine ordentliche Portion Schweinshaxe. Der Rentner erzählt von seiner früheren Arbeit im Bruckmann Verlag, wo er im Druckbereich tätig war. Und von seiner komplizierten Knieverletzung, von der er sich nach der OP in Schongau nur langsam erholt hat. Vielleicht war auch das der Grund, warum das Ehepaar mit dem Auto angereist ist.

von einer Maß Bier und einem halben Hendl zu nur 9,90 Euro. Sommerfeste mit Musik bleiben aus, da sich manche spießige Nachbarn dann über Lärm beschweren und die Polizei rufen. Aber Schloss Blutenburg liegt mit seinem vielfältigen Kulturangebot (siehe Events) ja nur einen Kilometer flussaufwärts von der Insel-Mühle entfernt. Abgesehen vom etwaigen Fest- oder Opernbesuch kann man im angrenzenden Park auch schön spazieren gehen.

Gemütliche Rast am Blutenburger Schloss

Würm flussaufwärts über Blutenburg (Park) bis Pasing

Spielplatz mit Holz-Klettergerüst, Rutsche und Schaukel

Weinfest (ab Christi Himmelfahrt), Dorffest (Juni), Opern-Openair (Sommermonate) und Töpfermarkt (Oktober) im Schloss Blutenburg (Termine www.blutenburg.de)

Wirte Carola und Michael Weber

Adresse Von-Kahr-Str. 87, 80999 München

Telefon 089-81010

Web www.weber-gastronomie.de

Öffnungszeiten Täglich 11–22.30 Uhr

Sitzplätze 500 SB

Brauerei Augustiner

Maßpreis 6,50 € (4,50 € zur Happy Hour Mo.–Fr. bis 17 Uhr)

Schmankerltipp Spiegelei (1 €), ganze Jumbokartoffel mit Sauerrahm (3,50 €), 1/2 Grillhendl mit frischer Petersilie (5,50 €), ganze Schweinshaxe (9,90 €, reicht auch für zwei Personen)

Anfahrt

ÖVM S2 Untermenzing, Bus 164 oder zu Fuß (Von-Kahr-Straße); U1 Westfriedhof, Bus 165 Untermenzinger Friedhof

Rad Würm-Radweg (3,5 km von Pasing; 12 km bis Dachau); vom Marienplatz über Hirschgarten und Schlossmauer Radschildern nach Blutenburg (Aubing) folgen (11 km) und 1 km an der Würm nach Norden

Parkplätze Begrenzt am Untermenzinger Friedhof und in benachbarten Wohnstraßen

Königliche Vergangenheit

Viel Grün im Hartmannshofer Park

Laut Hausbroschüre fühlt sich der Münchner im Biergarten der Neuen Fasanerie „wie im Himmel“. Vom Boden der Tatsachen, der harten Bierbank, ist dem Besucher der Blick nach oben durch das dichte Blätterdach der Kastanien versperrt. Für einen Stadtbiergarten hat die Fasanerie in der Tat reichlich Grün zu bieten. Sieht man von der lebhaften Menzinger Straße ab, kann man vom Hartmannshofer Park bis Schloss Nymphenburg kilometerweit durch Wald, Gärten und Parkanlagen spazieren gehen.

Zur Abwechslung mal ein Selbstporträt. Nach einem Streifzug über die Wiesn sind wir in der Fasanerie gelandet. Ein sehr milder Montag Ende September, aber im Biergarten regt sich nicht mehr viel. Wir wollen aber zum Abschluss unserer sommerlichen Biergarten-Recherche auf unserer Projekt anstoßen. Die Brotzeit haben wir ja dabei, nur das Bier holen wir uns vom Restaurant. Irgendwie nett, nach all dem Rummel so ganz allein unter den Kastanien zu sitzen. Natürlich muss sich auch die Fasanerie bei schönem Sommerwetter über mangelnden Andrang nicht beklagen. Wir erinnern uns an die Hochzeit eines Allacher Freundes vor einigen Jahren, und da war die fröhliche Festgemeinde beileibe nicht unter sich.

Sommerstimmung in der Fasanerie

Die Neue Fasanerie war einst ein Ableger des Nymphenburger Schlosses. Kurfürst Max Emmanuel soll im 18. Jahrhundert über 2000 Fasane zur Strecke gebracht haben, die in eigenen Zuchtstationen herangezogen wurden. Später stand das Anwesen unter königlichem Regiment. In Anlehnung an die Historie bietet die Restaurantküche heute Gerichte wie geschnetzeltes Fasanbrüstchen in Calvadosrahm an. Der Biergartenbesucher gibt sich hingegen mit den gewöhnlichen bayerischen Schmankerln zufrieden.

Hartmannshofer Park, Botanischer Garten, Nymphenburger Schlosspark

Wiese vor dem Restaurant

Spielplatz mit Klettergerüst, Wippe und Sandkasten

Großes Sommerfest (Termin auf Anfrage), Barbeque-Abende

Botanischer Garten, Freilandanlagen und Gewächshäuser, Menzinger Str. 65, Tel. 089-17861-310, 9–19 Uhr (Sommer), 3 €, www.botmuc.de

Tropenklima im Gewächshaus, Blütenzauber im Botanischen Garten

Im Botanischen Garten

Mit Beginn der Biergartensaison fangen viele Pflanzen an zu blühen. Grund genug für einen Abstecher in den Botanischen Garten, der von der Neuen Fasanerie bequem zu Fuß zu erreichen ist. Im Zentrum der Anlage stößt man auf zahlreiche gepflegte Beete, westlich grenzt das Arboretum mit einem Labyrinth an kleinen Wegen zwischen eingewachsenen Bäumen an. Wer mit dem Blütenzauber im Freien nicht befriedigt ist: In den Gewächshäusern blühen exotische Pflanzen das ganze Jahr über. Und wer seinen Spaziergang ausdehnen mag: Am Südeingang des Gartens grenzt der weitläufige Park von Schloss Nymphenburg an.

Wirt Wilhelm Walther

Adresse Hartmannshofer Str. 20, 80997 München

Telefon 089-1495607

Web www.neue-fasanerie.de

Öffnungszeiten Sa./So. ab 11, Fr. ab 14 und Mo.–Do. ab 16 Uhr, Schankschluss ca. 23 Uhr

Sitzplätze 1500 SB + 200 G

Brauerei Hofbräu

Maßpreis 6,50 €

Schmankerltipp Hausgemachter Obatzda (4,50 €), Schweinerollbraten mit Kartoffel-Gurkensalat (7 €), Spareribs mit Barbequesoße (7,90 €), Krustenbraten mit Knödel (7 €)

Anfahrt

ÖVM S2 Obermenzing und zu Fuß auf Verdistraße, Donizettiweg; Tram 17 oder Bus 143 bzw. 162 Amalienburgstraße und ca. 5 Min. zu Fuß

Rad Vom Marienplatz bis Nymphenburg Wegweisern Richtung Aubing folgen, Schlossmauer zum Amalienburglatz, Abzweig Schragenhof- und Reinoltstraße (10 km); Würm-Radweg: Pasing bis Verdistraße und auf dieser zum Amalienburgplatz (6 km)

Parkplätze Direkt am Biergarten

Wo die *Hirsche* röhren

Ballspiele im größten Biergarten der Welt

Der Hirschgarten ist nicht nur der größte Biergarten Bayerns und somit wohl der Welt, sondern er scheint auch klimatisch begünstigt. Während sich an schwülen Sommerabenden münchenweit Gewitter entladen, ziehen hier sämtliche Cumuluswolken auf wundersame Weise am Park vorbei. Das bilden sich jedenfalls die „Bunte Hirsche"-Volleyballer ein, die selbst dann aus Germering, Allach, Schwabing, Unterföhring, Schäftlarn und Weyarn zum munteren Freizeitspiel anreisen, wenn an ihren Arbeits- und Wohnorten längst die Blitze zucken. Nur vor Frontregen ist der Hirschgarten nicht gefeit.

Wirt Johann Eichmeier

Adresse Hirschgarten 1, 80639 München

Telefon 089-17999119

Web www.hirschgarten.de

Öffnungszeiten täglich 9–0 Uhr, auch an milden Wintertagen

Sitzplätze 7000 SB + 1200 G

Brauerei Augustiner

Maßpreis 6,10 €

Schmankerltipp Große Brezen (2,70 €), Portion Obatzda (4,40 €), Bayerischer Wurstsalat (4,20 €), Portion Spareribs (8,90 €), 1/2 Schweinshaxn (5,10 €)

Anfahrt

ÖVM Alle S-Bahnen bis auf S7 nach Laim (10 Minuten Fußmarsch) bzw. Hirschgarten (neue Station ab Dez. 2009), Tram 12, 16 und 17 Steuben- bzw. Romanplatz

Rad Ab Hauptbahnhof auf der Arnulfstraße; von Westen an der Schlossmauer, die Wotanstraße überqueren und auf der Winfriedstraße in den Park; Radwege auch an der Menzinger Straße (Nord) und Fürstenrieder Straße bis zur Laimer Unterführung (Süd)

Parkplätze Am Westeingang (Zufahrt Winfriedstraße an Laimer Unterführung), am Haupteingang Nord sowie in den umliegenden Straßen

Bier vom Holzfass

Für seine Größe verbreitet der Biergarten eine erstaunliche Gemütlichkeit. Ob das an der enormen Ausdehnung des Parks liegt, dessen weitläufige, von schönen Baumgruppen in einzelne Segmente unterteilte Wiesen ausreichend Platz zur sportlichen Betätigung und Erholung bieten? Oder an den Hirschen und Rehen, die in Sichtweite des Biergartens durch das angrenzende Gehege streifen? In jedem Fall wirkt sich die großzügige Sitzlandschaft mit den rustikalen Holzbänken positiv auf die Stimmung aus. Dank rascher Abfertigung an den beiden Schenken steht man selbst bei regem Betrieb selten länger als zwei Minuten an. Wer allerdings seinen Maßkrug vergisst, lernt den bayrischen Charme des Schankkellners rasch kennen. Leider lässt die Schankmoral zuweilen einige Wünsche offen. Auf Anfrage erklärt der Chef dieses Manko mit den 200-Liter-Holzfässern, die im Gegensatz zu den üblichen Biercontainern beim Einschenken eine gewisse Schaumbildung hervorriefen. Dafür haben die Holzfässer den Vorteil, dass bei starkem Andrang Notschenken öffnen und sich die Wartezeiten somit erheblich verkürzen.

Der große Zulauf ist dem Hirschgarten-Wirt leider zu Kopf gestiegen.

Augustiner-Bräu München

13 Hirschgarten Laim

Der Mitteltrakt des Nymphenburger Schlosses wurde 1675 im Stil eines italienischen Landhauses erbaut; die rundbogigen Fenster französischer Prägung kamen erst später hinzu.

Im Hirschgarten und im ca. 2 km ent-fernten Nymphenburger Park (Verbindung über Hirschgartenallee)

Fußball und Volleyball auf den großzügigen Parkwiesen, Tischtennis, Basketball

Kettenkarussell und Wildgehege direkt am Biergarten, Klettergerüst und diverse Spielplätze verstreut im Park

Museum Mensch und Natur, Schloss Nymphenburg, Tel. 089-1795890, Di.–Fr. 9–17, Do. –20, Sa. + So. 10–18 Uhr, 3 €, www.musmn.de; Marstallmuseum (u.a. Pferdekutschen und Schlitten) mit Museum „Nymphenburger Porzellan“, Eingang 19, Tel. -179080, 9–18 Uhr, 4 €; das Schloss Nymphenburg (5 €) grenzt mit der weitläufigen Parkanlage direkt an.

Magdalenenfest Mitte Juli mit Auto-Scooter, Schiffschaukel, Ponyreiten, Schießbuden, Spielgeschäften und kleiner Dult (seit 1959); Public Viewing zur Fußball-EM und -WM

Seit zwei Jahrzehnten treffen sich die „bunten Hirsche“ im Hirschgarten zum Volleyball: Im Gegensatz zu früher, als sie jung und beschwingt sogar auf Schneeboden spielten, internationale Turniere veranstalteten und das Spiel teils als Kontaktbörse betrieben, allerdings nur freitags bei Sommerwetter. Bald werden vielleicht die Kinder, die heute mit Vorliebe dem Fußball hinterher jagen, den einen oder anderen Platz auf dem Feld für sich beanspruchen. Doch noch röhren die Hirsche aus vollen Kräften, auch wenn die Schulter bei manchem Schmetterball ein leichtes Ziehen verspürt.

Abstecher nach Nymphenburg

Wer sich über den weitläufigen Hirschgarten hinaus die Füße vertreten will, sollte nach Nymphenburg pilgern. Am Nordausgang des Biergartens führt die schattige Hirschgartenallee in wenigen Minuten direkt zum Schloss, in dessen Mittelgebäude die Wittelsbacher – aktuell Franz von Bayern – bis heute Wohnrecht genießen. Vor 368 Jahren schlossen hier Frankreich, Spanien, Bayern, Sachsen und Preußen mit dem Nymphenburger Vertrag ein Bündnis gegen Österreich, das so wohl nie wieder zustande kommen wird. Heute ist beim Anblick der bunten Menschenmischung aus aller Herren Länder Völkerverständigung angesagt. Und ein ausgedehnter Spaziergang im sommerlichen Schlosspark.

Duell zwischen Werner und Sabine am Volleyballnetz

Sporteln und Spaß haben

Ort zum Wohlfühlen am Olympiapark

Der Taxisgarten gehört zu den traditionellen Münchner Biergärten, was der Besucher an den eingewachsenen Kastanien und Eschen rasch erkennt. Er ist neben dem Dantebad die Freizeit-Attraktion von Gern. Zwischen Schwimmbad und Biergarten führt der Nymphenburger Kanal direkt in den Olympiapark, wo bei sommerlichem Wetter die Zeit wie im Flug vergeht.

Eine gelungene Alternative zur Firmenkantine ...

Pächter Haberl + Schmid Gastronomie

Adresse Taxisstr. 12, 80637 München

Telefon 089-156827

Web www.taxisgarten.de

Öffnungszeiten Täglich 11–23 Uhr, ab den ersten warmen Frühlingstagen

Sitzplätze 1500 SB

Brauerei Spatenbräu

Maßpreis 6,80 €

Schmankerltipp Shrimps-Cocktail (3,30 € je 100 g), Country-Kartoffeln mit Avocadocreme oder Kräuterjoghurt (5 €), mexikanisches Feuer-Huhn (5,70 €), Portion Spareribs (8,90 €)

Anfahrt

ÖVM U1 Gern, Ausgang Tizianstraße

Rad Odeonsplatz: Brienner- und Nymphenburger Straße über Rotkreuzplatz, Abzweig Waisenhaus- und St.-Galler-Straße; Schwabing: Franz-Joseph-, Elisabeth- und Schwere-Reiter-Straße zum Leonrodplatz, Dom-Pedro-Straße bis Taxisstraße

Auto Über 80 Parkplätze am Biergarten

Da die Parkplätze am Taxisgarten und in den Wohnstraßen beschränkt sind, sollte man besser mit dem Rad oder per U-Bahn anreisen. Wer die Tizianstraße in Ostrichtung entlanggeht, hört im linken Ohr das Gekreische der Kinder vom nahen Dantebad; das rechte Ohr vernimmt bei entsprechendem Betrieb bereits die typische Geräuschkulisse aus dem Biergarten. In der bekannten AZ-Hitliste „Mein schönster Biergarten“ hat es der Taxisgarten immerhin schon auf einen Stockerlplatz geschafft. Durch seine überschaubare Größe herrscht hier eine gemütliche Atmosphäre, die vor allem beim jüngeren Publikum gut ankommt. Wer spät dran ist, muss sich irgendwo zwischen den Leuten in eine Sitzbank hineinschieben, doch das fördert die Kommunikation. Die Imbissbude – die Salate sind übrigens alle frisch und hausgemacht – erweist sich bei großem Andrang als Nadelöhr, Geduld ist angesagt. Aber wenn man einmal sitzt, genießt man die heimelige Atmosphäre und das obligate „Leute beobachten“ umso mehr.

Jörg, Peter, Christoph, Stefan, Philipp, Maik und Maria nutzen den sommerlichen Tag und radeln in ihrer Mittagspause vom O2-Firmengelände mal eben in den Taxisgarten. Vor zwölf Uhr ist es noch schön ruhig, weshalb sie an Schenke und Imbissbude nicht viel Zeit verlieren. Die zarte Putenkeule und Currywurst mit Pommes kommen am besten an. Dazu maximal eine halbe Bier, schließlich wartet am Nachmittag noch die Arbeit. Die Stimmung hält sich unter den Kollegen somit im Zaum.

Freizeit im Olympiapark

In Kombination mit dem Taxisgarten bietet sich ein Bummel durch den Olympiapark an. Das Freizeitangebot ist hier den ganzen Sommer über enorm. Ausgedehnte Spaziergänge, Inlineskaten, Joggen und Ballspiele sind ebenso möglich wie eine Spaßfahrt mit dem Tretboot auf dem Olympiasee. Dazu das große Fest- und Kulturangebot: Das Tollwood-Festival beginnt Mitte Juni, im Theatron gibt es Openair-Konzerte zu Pfingsten und im Hochsommer und das Sommerfestival mit der großen Schaustellerstraße und Auftritten bekannter Künstler dauert im August mehr als zwei Wochen.

Um die Aussicht auf den Olympiapark zu genießen, muss man nicht unbedingt auf den Turm hochfahren.

Olympiapark (Taxisstraße bis zum Kanal und rechts den Wegweisern folgen); am Kanal nach Nymphenburg

Kleine Spielwiese mit Bäumen neben dem Biergarten

Spielplatz mit Karussell

Dante-Freibad, Postillonstr. 17, Tel. 01801-796223, Mai bis September, 3,20 €, Kinder 2,30 €, www.swm.de

BMW Museum, Am Olympiapark 2, Tel. 0180-2118822, Di.–Fr. 9–18, Sa. + So. 10–20 Uhr, 12 €, www.bmw-museum.de

Tradition mit Holzfass

Bieroase im Herzen Münchens

Der Augustiner-Keller ist nur einen Steinwurf von Hauptbahnhof und Paul-Heyse-Unterführung entfernt, und dennoch taucht man hier in Windeseile vom Münchner Großstadttrubel in eine Oase der Ruhe und Bierseligkeit ein. Das Blätterdach der stattlichen Kastanien sorgt für frische Luft, und von Autos ist hier im sommerlichen Stimmengewirr nichts zu hören. Spätestens nach der zweiten frisch aus dem Holzfass gezapften Edelstoff-Maß erreicht die Stimmung ihren Höhepunkt.

Der Augustiner-Keller ist einer der Münchner Urbiergärten.

Als der Traditionsbiergarten 1862 vom Besitzer der Augustiner-Brauerei, Joseph Wagner, erworben wurde, beschränkte er sich auf die Umgebung des hufeisenförmig angelegten Lagerkellers, der heute übrigens zu Veranstaltungszwecken für einige tausend Euro zur Vermietung frei steht. 30 Jahre später forstete Wagner die angrenzende Wiese auf, seitdem hat sich äußerlich von den gewachsenen Bäumen abgesehen kaum etwas verändert.

Der Ochse als „Bierholer"

Bis 1891 zog noch der sogenannte Bierochse das Sommerbier vom Lager über Seilwinden nach oben. Ein zeitaufwändiges Prozedere, denn für diese kräftezehrende Aktion drehte sich das schwere Tier wie in Zeitlupe im Kreis. Das Volk musste zwar Geduld aufbringen, begleitete die Zeremonie jedoch mit viel Sympathie. Heute erleichtern Aufzüge den Transport, eine Glocke kündigt den Fasswechsel an. Zudem haben Kassenkräfte, Schankhilfen und Abräumer im Sommer Hochkonjunktur, weit mehr als in der guten, alten Zeit.

Einmal im Jahr ist Zahltag. Dann treffen sich Thomas, Jürgen, Florian, Paul, Marcus, Philipp und Michael im Augustiner-Keller, diskutieren die abgeschlossene Bundesligasaison, bezeichnen die aktuellen Gewinner als „Duselbrüder" und träumen davon, im kommenden Jahr selbst als Tipp-Champion auf dem Thron zu stehen. Jedes zweite Jahr verkürzt eine Fußball-EM oder -WM die Wartezeit. Als einzige, wenn auch sehr charmante Frau sitzt Alexandra am Stammtisch und lässt sich in ihrer Funktion als Glücksfee und Tippverwalterin von der Männerriege einladen und hochleben. Zu aller Fachsimpelei wird bei einigen Maß Bier das Neueste aus Verlag und Versicherung ausgetauscht.

Kulturangebot am Königsplatz

Im Rahmen des Biergartenbesuchs lohnt der Abstecher zum Königsplatz, der im Stil des europäischen Klassizismus erbaut und später von den Nationalsozialisten zu ihren Zwecken umgebaut wurde. Vom Hauptbahnhof führt die Luisenstraße direkt zum Lenbachhaus sowie zu den Gebäuden der Glyptothek und der staatlichen Antikensammlungen. Im Juli finden am Königsplatz zahlreiche Open-air-Veranstaltungen statt.

Die Glyptothek am Königsplatz

Wirt Ludwig Högenauer

Adresse Arnulfstr. 52, 80335 München

Telefon 089-594393

Web www.augustinerkeller.de

Öffnungszeiten Täglich 10–0 Uhr

Sitzplätze 3000 SB + 2000 G

Brauerei Augustiner

Maßpreis 6,70 €

Schmankerltipp Nudelsalat (4,50 €), Steckerlfisch von der Fischer-Vroni (2,50 € je 100 g), 1/4 Grillhendl mit Kartoffelsalat (10,80 €), Schwarzwälder Flammkuchen mit Speck (7,90 €)

Anfahrt

ÖVM S-Bahn Hackerbrücke, U-Bahn Hauptbahnhof und 10 Min. zu Fuß, Tram 16 (Richtung Romanplatz) oder 17 (Richtung Amalienburgstraße) bis Hopfenstraße oder Hackerbrücke

Rad Ammersee-Radweg: Marienplatz – Theresienwiese, Abzweig Bavariaring, Bayerstraße, Hackerbrücke (4 km)

Parkplätze Begrenzte Parkmöglichkeiten in den umliegenden Straßen

Im Alten Botanischen Garten (zwischen Elisen- und Sophienstraße nahe HBF, Eingang Portalbau gegenüber dem Justizpalast)

Leicht erhöhter Spielplatz mit markantem „Kletterfelsen“

Glyptothek (Antikensammlung), Königsplatz 3, Tel. 089-286100, Di.–So. 10–17, Do. 10–20 Uhr, 3,50 €; Städtische Galerie im Lenbachhaus und Kunstbau München, Luisenstr. 33, Tel. 089-23332000, Di.– So. 10–22 Uhr, 12 €

Public Viewing zur Fußball-EM und -WM

Wie König in *Frankreich*

Einzigartiger Schlossbiergarten

Wenn die Westfassade des Neuen Schlosses bei Sonnenuntergang im goldenen Licht erstrahlt, gerät Karl Blass ins Schwärmen. Auch nach 20 Jahren fühlt sich der Wirt in seinem Revier wie König Ludwig VIII in Frankreich. Der Vergleich ist angebracht, zumal Oberschleißheim inklusive der Gartenanlage nach dem Vorbild von Versailles erbaut wurde. Zudem hat das selbstbewusste Auftreten des Wirts zuweilen herrschaftliche Züge. Ein neuer Biergartenführer etwa interessiert ihn so wenig wie eine Fliege auf einem der Millionen Kastanienblätter, die sein Reich in eine schattige Oase verwandeln.

Wirte Familie Blass

Adresse Maximilianshof 2, 85764 Oberschleißheim

Telefon 089-3151555

Web www.schlosswirtschaft-oberschleissheim.de

Öffnungszeiten März bis Oktober täglich ab 11, Sa. + So. ab 10.30 Uhr

Sitzplätze 1200 SB + 150 G

Brauerei Hofbräu

Maßpreis 5,40 €

Schmankerltipp Schnittlauchbrot (2 €), Auszogne (2,60 €), geräuchertes Makrelenfilet (Stück 3 €), gebackenes Schweineschnitzel mit Kartoffelsalat (5,50 €)

Anfahrt

ÖVM S 1 Oberschleißheim und ca. 15 Min. zu Fuß auf der Mittenheimer Straße

Rad RadlRing München (ab Garching 8 km, ab Dachau 10 km)

Parkplätze Großer Parkplatz am Schloss

Nach Gründung im 17. Jahrhundert war die Schlosswirtschaft nicht für die Öffentlichkeit bestimmt, wohl aber wurden die Bediensteten hier verköstigt. Mit dem Bau der Eisenbahnlinie nach Landshut siedelten sich Maler und Schriftsteller in Oberschleißheim an. Seitdem läuft das Geschäft: In das Gästebuch der Bedienung Annerl haben sich seinerzeit einige prominente Künstler eingetragen.

Vom Maibock bis zum Wiesnbier

Mit den ersten warmen Märztagen öffnet der Biergarten. Zum Saisonbeginn gibt es neben dem obligaten Hellen einen süffigen Maibock, später das Sommerbier und bereits ab August das Oktoberfestbier. Zu jeder Tageszeit kann man das Bier auch als Halbe bestellen. Eine Maßnahme, die beim weiblichen Geschlecht ebenso gut ankommt wie das vegetarische Mittagsgericht. Da die Bürodamen laut Wirt schlank bleiben wollen, wird die übliche Biergartenkost auch mal durch eine Gemüsepfanne, saure Knödel, einen Fisch oder Auflauf erweitert. Unter den Fleischgerichten ist der saftige Rollbraten der Renner, außerdem gehen die kalten Brotzeiten gut weg. Je nach Wetter spielen sporadisch um die

Der Hintereingang
zum Biergarten

Elli und Bruno sind Rentner, sie können sich ihre Zeit frei einteilen. Bei schönem Wetter machen sie sich bereits mittags vom Feldmochinger Anger auf den Weg zum Schleißheimer Schlossbiergarten. Obwohl dann noch nicht viel los ist, setzen sie sich mit einem frischen Bier und der eigenen Brotzeit ganz an den Rand und packen ihre Rommékarten aus. Pro Runde, die bei 100 Minuspunkten endet, kassiert die so genannte Bank vom Verlierer fünf Cent. Bruno wird es schwer haben, seinen Rückstand von 76 zu 56 in dieser Runde noch auszugleichen. „Mal gewinnt der eine, mal der andere“, merkt Elli gelassen an. Bevor sich der Biergarten füllt, macht sich das Paar auf leisen Sohlen davon.

16

Schloss Oberschleißheim

Blumenbeete nach Versailler Vorbild am Schloss Lustheim ...

Mittagszeit Jazz- oder Blasmusiker, die Termine werden ein bis zwei Wochen im Voraus bekannt gegeben. Am Abend kehrt aus Rücksichtnahme auf die Nachbarn jedoch bald Ruhe ein.

Garten französischer Prägung

Ein ausgedehnter Spaziergang im angrenzenden Hofgarten zum Schloss Lustheim ist für den Oberschleißheim-Ausflug fast ein Muss. Die drei Schlösser gehören mit ihrer weitläufigen Parkanlage zu den wichtigsten Barockanlagen Deutschlands. Kanäle, Kaskaden und Springbrunnen, die von April bis Mitte September zwischen 10 und 16 Uhr in Betrieb sind, gelten als typische Elemente französischer Gartenkunst. Auch die Broderien mit ihren kunstvoll angelegten Beeten sind ein aus dem Versailler Park kopiertes Stilelement. Ebenso das kleine „Lustwäldchen" am Rand des Parks, das von Baumalleen und hohen Hecken flankiert wird.

... und am Schloss Oberschleißheim

Schlosspark zwischen Lustheim und Oberschleißheim

Spielwiese am Schloss

Regattaparksee und Ruderregattaanlage (ideale Inlineskate-Bedingungen) ca. 3 km westlich von Oberschleißheim am Radweg nach Dachau

Altes Schloss Schleißheim, Neues Schloss Schleißheim und Schloss Lustheim, Max-Emanuel-Platz 1 (Schloss- und Gartenverwaltung), Tel. 089-3158720, April bis September Di.–So. 9–18 Uhr, Gesamtticket 6 € (Einzeltickets möglich); Deutsches Museum, Flugwerft Schleißheim, Effnerstr. 18, Tel. 089-3157140, bis auf wenige Ausnahmen täglich 9–17 Uhr, 6 €

Die Wasserfontäne ist nur zwischen 10 und 16 Uhr in Betrieb.

Schatten und ein *kühler Bach*

Ein Biergarten der einfachen Art

Vom Rentner bis zum Schüler steht der Mühlenpark bei der Garchinger Bevölkerung hoch im Kurs. Man trifft sich an den fest verankerten Biertischen und plaudert in den Tag hinein. Bei plötzlichem Regen weicht man in den überdachten Bereich aus. Kinder erobern den angrenzenden Park. Viele Einheimische loben den freundlichen Service und die günstigen Preise für die allerdings eher einfachen Speisen. Wer nicht auf Fischsemmel oder Schweinswürstel steht, bringt sich die Brotzeit besser selber mit.

Auswertige finden nicht so leicht her, da der 1975 gegründete Biergarten recht versteckt liegt. Zur Erinnerung an die ehemalige Mühle dreht sich im Mühlbach, der auch an heißen Tagen für angenehme Frische sorgt, ein nachgebildetes Wasserrad. Über eine Holzbrücke gelangt man vom Biergarten zum Theatrum, das im Lauf der Jahre von Unkraut überwuchert wurde. Doch das urtümliche Flair gleicht die dürftige Pflege von Park und Biergarten aus. Immerhin gibt es noch einen Stammtisch mit eingefleischten Kartendreschern.

Flo kennt den Mühlenpark seit seiner Kindheit. Obwohl er sich ein bisschen darüber wundert, dass der Biergarten und der angrenzende Park nicht mehr so gepflegt sind wie früher, radelt er etwa zweimal pro Jahr von Dietersheim hierher. „Für die Garchinger reicht's scho", bemerkt er mit ironischem Unterton. Aber dieses Mal trifft er sich mit Laura aus München, die in der schicken Großstadt anderes Biergarten-Niveau gewohnt ist. Während Flo in seiner Heimat sehr gesprächig ist, gibt Laura nicht viel von sich. Natürlich nur in unserer Gegenwart. Denn vermutlich ist ihr der Ort des Rendezvous ziemlich egal, Hauptsache, sie lernt ihre neue Bekanntschaft besser kennen.

Am Schnittpunkt zweier Radrouten

Durch die Nähe zum Isartal kommen viele mit dem Rad. Nördlich der Isarbrücke zwischen Ismaning und Garching verlässt man das Isartal und steuert in den Mühlenpark. Da Garching zudem am RadlRing München liegt, kann man auch aus der Ost-West-Richtung bequem ohne Landkarte oder Stadtplan anrollen. Mögliche Startorte sind das vier Kilometer entfernte Ismaning oder das

Der Mühlbach treibt das Wasserrad an.

elf Kilometer entfernte Oberschleißheim. Mit dem Drahtesel ist auch der Garchinger Baggersee leicht zu erreichen, der Richtung Nordwesten ein Stück weit hinter der Autobahnbrücke Am Egernfeld auftaucht. Nach der Entschlackung im Jahr 2004 ist die Wassertiefe des Sees, der durch Grundwasser gespeist wird und zu den saubersten der Region zählt, auf stolze fünf Meter gestiegen.

Isarradweg an der Föhringer Schleuse

Wirt Christa Schramm

Adresse Mühlgasse 48, 85748 Garching

Telefon 089-3204975

Öffnungszeiten März bis Oktober täglich 10–22.30 Uhr

Sitzplätze 650 SB

Brauerei Hacker-Pschorr

Maßpreis 5,40 €

Schmankerltipp Fischsemmel (2 €), Currywurst mit Semmel (4,20 €), Debreziner mit Kraut (4,20 €), 2 Stück Pfälzer mit Kraut (2,40 €)

Anfahrt

ÖVM U6 Garching-Hochbrück, Bus 290 Mühlgasse und ca. 10 Minuten zu Fuß

Rad Isarradweg Ludwigsbrücke bis Parkanlage Ismaning (15 km), beschilderter Abzweig ca. 1 km, Weiterfahrt bis Freising (21 km); RadlRing München (3,5 km bis Ismaning; 11,5 km bis Oberschleißheim)

Parkplätze Parkmöglichkeiten beim Gymnasium ca. 500 m südlich

Im Isartal, rund um den Garchinger See

Rollschuhplatz und Spielplatz mit Sand in Bachnähe (nicht einsehbar)

Im Mühlenpark und in den Isarauen

Garchinger See im Hacklholz nordwestlich von Garching mit Beachvolleyball; die Skateranlage liegt am Weg.

Mühlbach und Isarkiesel

Gute Küche verpflichtet

Der Gasthof zur Mühle ist seit 1857 in Besitz der Familie Seidl. Der Urgroßvater Anton heiratete eine Schweizer Köchin evangelischen Glaubens, was im erzkatholischen Bayernland natürlich nicht so gut ankam. Letztlich überzeugte die Frau jedoch mit ihrer exzellenten Küche, und da auch der Hausherr einen geselligen Umgang pflegte, konnte sich die Einkehr allen Vorbehalten zum Trotz rasch etablieren. Von der guten Küche profitiert heute auch der am Mühlbach gelegene Biergarten.

Der Gasthof zur Mühle wurde in der heutigen Form 1894 erbaut, allerdings dürfte der Kern des denkmalgeschützten Hauses vermutlich aus dem 17. Jahrhundert stammen. Eine Chronik der Mühle von 1855 bis heute findet man auf der hauseigenen Website. Eine alte Postkarte von 1910 zeigt zwei zünftige „Biergartler".

Hohe Essensqualität

Die Ismaninger Mühle gehört zu den wenigen Biergärten, in denen das feilgebotene Essen überwiegend hausgemacht ist. Die Haxen, Würstel und der Leberkäse stammen vom Ismaninger Haus- und Hofmetzger. Der schmackhafte Obatzde wird nur mit Brie und Camembert, aber ohne Rahm angerührt. Selbst der Kartoffelsalat schmeckt frisch und authentisch. Und der würzige Speckkrautsalat wird aus dem Ismaninger Kraut zubereitet. Früher bestand Ismaning nur aus dem nahen Schloss und vereinzelten Krauthöfen, die das Gemüse anbauten. Im Buch „Ismaninger Kraut", das an der Kasse des Kallmann-Museums ausliegt, sind einige Kochrezepte enthalten.

Hobbykünstler und Steinsammler aufgepasst: 2009 feiert Ismaning seinen 1200. Geburtstag. Zu diesem Jubiläum gibt es im Kallmann-Museum von Mitte Juli bis Mitte Oktober eine Sonderausstellung von Markus Heinsdorff zum Thema „Wasserwerke". Der Künstler legt im Museum einen Parcours an, der mit Fotografien sowie spielerischen-meditativen Klang- und Bildobjekten die Verbindung von Ismaning zum Wasser veranschaulichen soll. Und auch der Besucher kann sich am großen Kunstobjekt aktiv beteiligen, indem er seinen Lieblings-Isarkiesel mit einem Durchmesser von maximal vier Zentimetern bis zur ersten Juliwoche im Museum abliefert. Kleiner Tipp am Rande: Die schönsten Isarkiesel gibt es im Alpenvorland südlich von Wolfratshausen, aber auch bei Ismaning wird man fündig …

Terrasse und Biergarten im Schatten der Marquise und Kastanien

Frühlingsstimmung am Unterföhringer See

Im nördlichen Isartal

Unterföhringer See am Isarradweg, Feringasee mit Beach-Volleyball 1 km östlich des S-Bahnhofs Unterföhring

Kallmann-Museum, Orangerie, Schlossstr. 3b, Tel. 089-612948, Di.–So. 14.30–17 Uhr, 2 € (Sonderausstellungen 3,50 €), www.kallmann-museum.de

Wirte Familie Seidl

Adresse Kirchplatz 5, 85737 Ismaning

Telefon 089-960930

Web www.hotel-muehle.de

Öffnungszeiten April/Mai bis September täglich 12–23 Uhr

Sitzplätze 550 SB + 180 G

Brauerei Hacker-Pschorr

Maßpreis 5,80 €

Schmankerltipp Ofenfrische warme Brezen (2,60 €), Portion Radi oder Radieserl (2,60 €), bayerischer und Schweizer Wurstsalat (4 €), Portion Spareribs mit Barbeque-Soße (6,90 €)

Anfahrt

ÖVM S8 Ismaning und 5 Minuten zu Fuß

Rad Isarradweg Ludwigsbrücke bis Parkanlage Ismaning (14 km), beschilderte Auffahrt ca. 1 km, Weiterfahrt bis Freising (24 km)

Parkplätze Ausreichend in den umliegenden Straßen

Fahrrad und *Fußball*

Der perfekte Ausflugs-Biergarten

Für radelnde Fußballfans kommt der Aumeister wie gerufen. Von der Fröttmaninger Arena sind es nur wenige Kilometer bis zur nächsten Maß, mit der sich leidgeprüfte Löwenfans den Frust von der Seele spülen. Doch im sonntäglichen Ausflugstrubel fallen die Fußballfans kaum auf, selbst wenn wie vor Jahren mit einem 1:0 gegen Saarbrücken der Klassenerhalt gefeiert wird. Denn durch die Nähe zur Isar ist der Biergarten auch bei Radlern beliebt, die ihren Ausflug nicht mit einem Stadionbesuch verknüpfen.

Der Aumeister ist vom Isarradweg gut beschildert und nicht zu verfehlen. Obwohl er umrankt von üppiger Parkbotanik zwischen Schwabingerbach und Oberstjägermeisterbach gut versteckt liegt. Wer den Entenfall- und Schwammerlweiher passiert hat, ist so gut wie am Ziel.

Public Viewing in perfekter Vollendung: Die Fans stimmen sich auf das Ereignis ein.

Zu Jagdzwecken gegründet

Zwischen Isar und Oberjägermeisterbach lagen im 19. Jahrhundert die Jagdgründe des Aumeisters, der nicht nur das Wild in den Isarauen zu hegen, sondern auch die Teilnehmer der Hofjagd von Prinzregent Luitpold zu verköstigen hatte. Jede erfolgreiche Jagd wurde anschließend mit ein paar Maß Hofbräu begossen. Heute ist die Jagdzeit lange vorbei, doch das 1811 in klassizistischem Stil errichtete Walmdachhaus ist noch vorhanden und steht unter Denkmalschutz. Auch die Ausflügler lassen den Aumeister nicht im Stich. Die Schänke öffnet bei trockenem Wetter bereits bei einer Temperatur von 13 Grad, was die Saison bis weit in das Winterhalbjahr hinein verlängert. Besonders empfehlenswert sind die Steckerlfische vom Holzkohlegrill, die vom Waginger Weiher frisch angeliefert werden. Das Essen überzeugt insgesamt durch Vielfalt und Qualität.

Tag des EM-Finales zwischen Deutschland und Spanien. Während Christine zwischen Müllerschem Volksbad und Unterföhringer See eine Runde joggen geht, streift Christian durch das Farnbachtal und baut Mobiles. Am späten Nachmittag treffen sich beide gut gelaunt im Aumeister und stoßen bei einer üppigen Brotzeit auf den außergewöhnlichen Tag an. Ein bisschen Flirt am Rande darf schon sein. Beide freuen sich über ihren Mini-Triathlon aus Laufen, Biertrinken und Fußball, wobei es keine Rolle spielt, dass die letzte Disziplin in passiver Rolle abläuft. Christine wohnt seit 10 Jahren in Bogenhausen und schätzt am Aumeister neben der Nähe und der schönen Lage im Park vor allem das gute, abwechslungsreiche Essen. Obwohl auf den großen Leinwänden im Biergarten bereits der Countdown läuft, wird sie sich das Spiel der Spiele in der Leopoldstraße anschauen. Und Christian wird uns in das Gasthaus Oberwiesenfeld begleiten.

Weitläufiges Wegenetz in der Hirschau

Isarradweg Richtung München-Freising, 7 km ab Ludwigsbrücke, 30 km bis Freising

Wiesen in den Parkanlagen

Großer einsehbarer Spielplatz mit Klettergerüst, Vogelnesterschaukel, Bagger, Nostalgiekarussell, Schaukelpferd und Kleinkindhaus; der Zauberer Peppino erscheint sporadisch.

Bayerisches Programm zum 1. Mai und Vatertag, Band Cages Drinks (Juni), italienische Nacht (4. WE im Juni), Familienfest (letztes WE vor den Sommerferien und Mariä Himmelfahrt), Public Viewing zur Fußball-WM und -EM

Der Aumeister ist ein typischer Rad-Biergarten.

Wirt Thomas König

Adresse Sondermeierstr. 1, 80939 München

Telefon 089-325224

Web www.aumeister.de

Öffnungszeiten Täglich ab 10 Uhr mit „open end", auch im Winterhalbjahr bei trockenem Wetter ab ca. 13 Grad geöffnet

Sitzplätze 3300 SB + 250 G

Brauerei Hofbräu (je nach Jahreszeit auch Märzen, Maibock, Keller- und Wiesnbier)

Maßpreis 6,60 €

Schmankerltipp Gemischter Salat von der Salatbar (3,40 €), Antipastiteller (8 €), Ente mit Blaukraut und Knödel (10,50 €), Topfenstrudel mit Vanillesoße (4 €)

Anfahrt

ÖVM U6 bzw. Bus 50, 143, 231, 233 und 293 Studentenstadt und ca. 10 Min. zu Fuß Richtung Föhringer Ring, Iphitos Tenniscenter, Aumeisterweg)

Rad Isarradweg: Ludwigsbrücke bis Oberföhringer Wehr, links den Wegweisern durch den Park folgen (8 km); Haus der Kunst (Prinzregentenstraße): ca. 7 km durch den Englischen Garten

Parkplätze Am Tenniscenter Iphitos (Föhringer Ring) und am Biergarten

Seehaus Schwabing

Logenplatz am See

In-Adresse im Englischen Garten

Ein Hauch von Wärme reicht bereits aus, dann füllen sich die Sitzbänke am Ufer des Kleinhesseloher Sees in Windeseile. Während die meisten Biergärten noch im Dämmerschlaf verweilen, regt sich hier das pure Leben. Im Extremfall kurven Schlittschuhläufer bei Minusgraden nur wenige Meter von den Sonnenanbetern entfernt über den zugefrorenen See. Das Sehen und Gesehen-Werden spielt hier eine zentrale Rolle. Einfach cool sein. Das Schickimicki-Völkchen nimmt gerne in Kauf, dass die Preise den üblichen Rahmen sprengen und das Binnenklima manchmal etwas frostig ist.

Ortstermin an einem Oktobertag. Der zähe Nebel hat sich am Nachmittag aufgelöst, das Laub leuchtet in den schönsten Farben. Tretboote kurven über den See, der Biergarten ist für die schlappen 13 Grad Lufttemperatur gut gefüllt. Endlich stimmungsvolle Herbstaufnahmen, wenigstens bis der Fotograf den Crêpestand erreicht. Hier will er für die Recherche dieses Buches die Tafel mit den aktuellen Angeboten aufnehmen, was den Verkäufer in Rage versetzt. Fotografieren von Ständen und Gebäuden laut Satzung verboten! Schade, dass Coolsein an diesem Punkt ein Ende hat.

„Prost Mausi", ruft Martina ihrer Freundin Elfi zu und hebt den Maßkrug. Romantik pur am Ufer des Kleinhesseloher Sees: Die beiden sind an diesem milden Juliabend jedenfalls in bester Stimmung. Es bleibt noch Zeit, das Bier und die Breze zu genießen, bevor die Aufführung „Acis and Galatea" im nur wenige Meter entfernten Seestadl beginnt. Bei dem antiken Stück von G.F. Händel geht es um Liebe, Eifersucht und Unsterblichkeit. Und um das Selbstverständnis und die Rolle des Menschen in unserer Welt. Später werden sie durch den dunklen Park in ihr Oberföhringer Zuhause zurückradeln. Eine attraktive Strecke, weshalb sich das Seehaus demnächst bestimmt wieder über einen Besuch von Elfi und Martina freuen darf.

Sommerstimmung am Kleinhesseloher See

20 Seehaus Schwabing

Pächter Kuffler Gastronomie

Adresse Kleinhesselohe 3, 80802 München

Telefon 089-38 16 13 0

Web www.kuffler-gastronomie.de

Öffnungszeiten Wochentags 11–0, WE 10–0 Uhr, auch im Winter geöffnet

Sitzplätze 2600 SB

Brauerei Paulaner

Maßpreis 7,20 €

Schmankerltipp Großer Salatteller mit wechselnder Auswahl an kombinierten und frischen Salaten (7,90 €), Spareribs mit Barbeque-Soße (10,80 €), Schweinshaxe vom Grill (9,90 €), Schweinerollbraten mit Knödel oder Kraut (Plat du jour, 10,50 €)

Anfahrt

ÖVM U3 und U6 Münchner Freiheit und zu Fuß durch den Englischen Garten (ca. 15 Min.) oder mit Bus 44 zur Osterwaldstraße

Rad Isarradweg: Ludwigsbrücke bis Max-Joseph-Brücke, Tivolistraße in den Englischen Garten (4,5 km); Marienplatz: via Odeonsplatz in den Hofgarten, Wegweiser in den Englischen Garten (5 km)

Parkplätze Gebührenpflichtiger Parkplatz

Fotografieren – ein heikles Thema

Es gibt trotzdem gute Argumente, das Seehaus zu besuchen. Die Lage am See bleibt einzigartig, dazu das bunte Treiben im weitläufigen Park. Leute beobachten macht jedem Spaß, und dem Crêpes-Verkäufer kommt man normalerweise auch nicht in die Quere. Wem die Preise zu teuer sind, der nehme sich seine eigene Brotzeit mit. Und was das Fotografieren angeht, liebe Biergartenbesucher: Untereinander dürft ihr euch schon ablichten, achtet halt darauf, dass Wasser und Bäume im Hintergrund erscheinen. Ist im Vergleich zu Crêpesstand und Seehaus ohnehin das schönere Motiv.

Ein Biergarten im Wandel der Jahreszeiten: Sommerfrische, buntes Herbstlaub und Winterfreuden …

Weitläufiges Wegenetz im Englischen Garten

Große Wiesen im Englischen Garten

Ruder- und Tretboote am Kleinhesseloher See (1/2 Std. je nach Personenanzahl 5–10 €)

Spielplatz mit Kletterschiff

Im Seestadl von Zeit zu Zeit Theater oder Musikveranstaltungen

21 Chinesischer Turm Schwabing

Vom *Hörsaal* in den Biergarten

Treffpunkt im Englischen Garten

Zugegeben: Stil hat es schon, sich wie einst die feinen Herrschaften zu Biedermeierzeiten von Hans Holzmann mit der Pferdekutsche bis vor den Chinaturm fahren zu lassen. Ein einzigartiges Privileg. Aber es gibt auch gute Argumente, Münchens zweitgrößten Biertempel mit einer Radtour oder einem Spaziergang durch den Englischen Garten zu kombinieren. Den Studenten der nahen Universität wäre die Kutsche ohnehin zu teuer. Lieber investieren sie das Geld in ein paar Maß Bier.

Radfahrer müssen im Englischen Garten allerdings aufpassen, nicht auf den eigens ausgewiesenen Fußwegen erwischt zu werden. Ihnen droht durch die 2009 in Kraft getretene Parkreglementierung ebenso ein Bußgeld wie Hundebesitzern, die ihre Vierbeiner frei herumlaufen lassen. Dafür stehen die Nackten am Eisbach nach wie vor unter Natur- und Denkmalschutz. Die Fuß- und Volleyballer dürfen sich unter dem Monopteros auch noch frei bewegen.

Im Bann des Chinaturms

Die meisten Chinesen haben weder Rad, Hund noch Ball dabei. Dass München in ihrer Gunst als Reiseziel gestiegen ist, liegt vermutlich nicht am Chinaturm. Dennoch pilgern die Touristen aus dem Reich der Mitte gerne hierher. Das 25 Meter hohe, fünfgeschossige Bauwerk wurde 1789 nach Vorbild des Londoner Kew Gardens erbaut, 1944

Pächter Haberl Gastronomie

Adresse Englischer Garten 3, 80538 München

Telefon 089-383873-19

Web www.chinaturm.de

Öffnungszeiten Täglich 10–0 Uhr, auch an milden Wintertagen geöffnet

Sitzplätze 7000 SB + 500 G

Brauerei Hofbräu

Maßpreis 6,60 €, Starkbier/Urbock 7,30 €

Schmankerltipp Portion Chili-Leberkäs (3,80 €), Mozzarella mit Tomaten und Basilikum (6,50 €), Mie-Nudeln mit Wok-Gemüse und Garnelen Butterfly auf Cocoscreme (10,50 €), Kaiserschmarrn frisch aus der Pfanne mit Kompott (4,90 €)

Anfahrt

ÖVM U-Bahn Giselastraße und zu Fuß durch den Englischen Garten (ca. 15 Min.) oder mit Bus 54 oder 154 direkt zum Biergarten, Tram 17 Halt Tivolistraße und 20 Halt Tucherpark

Pferdekutsche Täglich ab 12 Uhr, telefonische Buchung (089-180608) 10–12 Uhr

Rad Isarradweg: Ludwigsbrücke bis Max-Joseph-Brücke und Tivolistraße (3,5 km); Marienplatz: über Odeonsplatz und Hofgarten zum Haus der Kunst (Prinzregentenstraße) und durch den Englischen Garten (4 km)

Parkplätze Direkt am Biergarten

Wer will, kann sich mit der Pferdekutsche zum Chinesischen Turm fahren lassen.

Die finnische Studentin Johanna fühlte sich auf Anhieb in München wohl. Im Vergleich zu Paris jedenfalls, wo sie zuvor studiert hatte, empfindet sie die Menschen hier als freundlich und entgegenkommend. Im Gegensatz zu ihren Kommilitoninnen Sartako und Mami spricht sie auch schon recht gut Deutsch. Das liegt vielleicht an ihrem deutschen Freund, den sie in Mamis internationaler Wohngemeinschaft kennen gelernt hat. Der Chinesische Turm ist praktischerweise von der Universität nicht weit entfernt, Grund genug, sich hier in wechselnden Konstellationen öfters einzufinden. Für neue Bekanntschaften sind die drei Mädls immer offen. Den Fototermin bewältigen sie jedenfalls mit sehr viel Heiterkeit.

durch Bomben zerstört und 1951 originalgetreu in Holz wiedererrichtet. Im Gegensatz zu früher dürfen die Biergartenbesucher zwar nicht mehr im Turm selbst ihre Brotzeit nebst Bier zu sich nehmen, doch ein Platz unter den Kastanien ist mindestens ebenso stimmungsvoll. Nur die Blaskapelle positioniert sich im Rahmen ihrer Konzerte in der ersten Etage des Turms, den man gegen einen kleinen Obolus auch erklimmen darf.

Tanzvergnügen beim Kocherlball

Sich um fünf Uhr morgens zum Tanzen zu verabreden mag auf den ersten Blick etwas verwegen erscheinen. Doch der Kocherlball am Chinesischen Turm wurde im 19. Jahrhundert für die Bediensteten vornehmer Haushalte – Dienstmädchen, Köchinnen, Hausdiener und Soldaten – ins Leben gerufen, und die mussten abends immer arbeiten. Im Jahr 1904 verbot die Polizei die angeblich anrüchige Veranstaltung. Schluss mit Tradition, bis sie 1989 zum 200jährigen Jubiläum des Englischen Gartens wieder fortgeführt wurde. Seitdem treffen sich viele tanzbegeisterte Münchner wie anno dazumal am dritten Sonntag im Juli, selbstverständlich zu früher Stunde und in Tracht.

Beschwingtes Tanzpaar unter dem Chinesischen Turm

Liegerad am Eisbach

Kulturprogramm im Haus der Kunst

Weitläufiges Wegenetz im Englischen Garten

Große Wiesen im Englischen Garten

Bayerns ältestes Nostalgie-Holzkarussell (1,50 € pro Fahrt), moderner Spielplatz mit vielen Turngeräten

Haus der Kunst, Prinzregentenstr. 1, Tel. 089-21127-113, täglich 10–20, So. –22 Uhr, je nach Ausstellung 5–10 €, www.hausderkunst.de

Blaskapelle Mi. ab 15, Fr. ab 14, Sa. ab 13 und So. ab 12 Uhr, Sommerfest mit der Band Simmi Samma (Juni), traditioneller Kocherlball (3. So. im Juli ab 5 Uhr), Public Viewing zur Fußball-WM und -EM

Sommerfest mit *Ochs am Spieß*

Ein Klassiker im Münchner Osten

Im Juli 2009 feiert der Franziskanergarten seinen 10. Geburtstag. Mit welchen Schmankerln die Wirtsleute Annet und Harald Weber dieses Jubiläum begehen wollen, war bei Redaktionsschluss noch nicht bekannt. Wie jedes Sommerfest wird sich jedenfalls wieder der „Ochs am Spieß" drehen und eine zünftige Musikkapelle für Stimmung sorgen.

Wirte Annet und Harald Weber

Adresse Friedenspromenade 45, 81827 München

Telefon 089-4300996

Web www.franziskanergarten.de

Öffnungszeiten Täglich 10–22.30 Uhr, generell ab 14 Grad

Sitzplätze 2300 SB + 180 G

Brauerei Löwen-/Spatenbräu

Maßpreis 6,60 €

Schmankerltipp Spareribs mit hausgemachter Soße (1,70 € pro 100 g), Franzis XXL-Burger mit pikanter Soße und Pommes (10,80 €), Ochsenkotelett mit Beilage (12,90 €), Steckerlfisch: Lachsforelle oder Saibling mit Butter (je nach Größe 8–16 €)

Anfahrt

ÖVM S5 oder U2 Trudering, Bus 192 Vogesenstraße

Rad Panorama-Radweg Isar – Inn: Ludwigsbrücke bis Friedenspromenade (8 km)

Parkplätze Hinter dem Biergarten, Friedenspromenade

Die Truderinger wissen auch ohne großes Tamborium, was sie an ihrem Biergarten haben. Zum Beispiel vom Wirt spendierte 500 Liter Freibier, wenn die Deutschen vergangenen Sommer nur dieses eine Spiel noch gegen Spanien für den EM-Sieg gewonnen hätten. Das Bier wird übrigens bis Schankschluss auch in Halben ausgegeben, ein schöner Service für Autofahrer und weniger trinkfeste Frauen. Übrigens in tiefgekühlten Gläsern, was vor allem bei heißem Wetter gut ankommt. Die

Essensauswahl ist für einen Biergarten vorzeigbar. Neben Ochsenkotelett und bayerischer Käseauswahl stehen auch asiatische und mediterrane Gerichte zur Wahl. Dazu die Klassiker Spareribs, Hendl, Haxn und Rollbraten. Außerdem gibt es einen Steckerlfisch- und Flammkuchenstand.

Sitzen zwischen Blüten und Blättern

Freizeitangebot im Riemer Park

Wer vor dem Biergarten noch ein wenig skaten, radeln, wandern oder Beachvolleyball spielen will, ist im Riemer Park gut aufgehoben. Der 2005 im Rahmen der BUGA errichtete Park liegt zwischen der S-Bahn Gronsdorf und der U-Bahn Messestadt auf dem ehemaligen Flughafengelände nur etwa zehn Radminuten vom Franziskanergarten entfernt. Um den künstlich angelegten Badesee, der eine gute Wasserqualität aufweist, sind terrassenförmig Liegewiesen angelegt.

Gleich wird Salvatore alle Hände voll zu tun haben. Sechs Makrelen schmoren bereits über dem Holzkohlegrill und verbreiten appetitanregende Düfte über dem Biergarten, der sich am frühen Abend langsam füllt. Ein Kunde kommt und bestellt je zwei Lachsforellen und Zander. Die Edelfische gibt es nur auf Vorbestellung, sonst trocknen sie aus. 25 Minuten wird sich der Kunde gedulden müssen. Salvatore ist voll in seinem Element. Sein Schwiegervater ist kein Geringerer als der Wiesnwirt der bekannten Fischer-Vroni, die man auf Anhieb mit gutem Steckerlfisch in Verbindung bringt. Um seinen Arbeitsplatz dürfte ihm somit nicht bange sein. Zweimal pro Jahr besucht er seine Heimat Kalabrien, ansonsten fühlt er sich in seiner Geburtsstadt München sichtbar wohl. Die Kombination aus Lederhose und Bier weiß er wohl zu schätzen, sein Wiesn-Rekord liegt bei sechs Maß Bier.

Badesee im ehemaligen BUGA-Gelände

Truderinger Grünanlagen und Wälder (Richtung Osten), Riemer Park

Städtische Grünfläche gegenüber dem Biergarten

Klettergerüste auf großem Sandkasten, Wippen und Rutsche

Badesee im Riemer Park

Sommerfest mit Livemusik und Ochs am Spieß (Juli), Public Viewing zu Fußball-EM und -WM

Blick in den *Sonnenuntergang*

Parkoase im Münchner Osten

Die Tatsache, dass unter den baumbestandenen Hügeln der Bauschutt der U-Bahnlinie lagert, tut der Parkidylle keinen Abbruch. Immerhin verdecken Hügel und Bäume wenigstens partiell den Blick auf die Wolkenkratzer Neuperlachs, deren Bewohner mit Hund, Kind und Kegel in die weitläufige Oase der Erholung ziehen und das muntere Treiben im Park genießen. Am Nordufer des Sees ist bei heißem Sommerwetter im Michaeli-Garten die Kombination aus Baden und Bier gefragt.

Gebadet wird jedoch nicht im See, sondern im benachbarten Freibad. Viele Kinder sind nach der Badeeinheit im Biergarten heiß auf Pommes frites, weshalb es dort eine der größten Pommesbuden der Stadt gibt.

Romantik pur am Parksee

Der buchtenreiche Parksee ist die Attraktion im Ostpark, ähnlich nah am Wasser sitzt man in München nur im Schwabinger Seehaus und in der Insel-Mühle. Wenn der See im Winter zufriert, rücken zahlreiche Schlittschuhläufer an, umkreisen mehrmals die Insel und rollen quasi direkt in den Biergarten. Warum hier nicht die erste Maß des Jahres bei zünftigen Minusgraden zu sich nehmen, dick verpackt, im Glanz der Januarsonne? Alternativ wärmt man sich mit Glühwein auf.

Im Michaeli-Garten sitzt man direkt am Wasser.

Auch im Sommer sind die Logenplätze am Wasser sehr begehrt. Statt Schlittschuhe jagen dann kleine Modellschiffe über den See. Wenn die Hobbynaviga-

23 Michaeli-Garten Neuperlach

Pächter Haberl + Schmid Gastronomie

Adresse Feichtstr. 10, 81735 München

Telefon 089-4355240

Web www.michaeligarten.de

Öffnungszeiten Täglich 10–23 Uhr, im Winter bei schönem Wetter bis Einbruch der Dunkelheit

Sitzplätze 3500 SB + 300 G

Brauerei Löwenbräu

Maßpreis 6,70 €

Schmankerltipp Fish & Chips mit Remoulade (3,80 €), Bergkäse (4 €), kleiner Antipasti-Teller (4,90 €), Schmankerlteller mit Spareribs, Chicken Wings, Minipflanzerl und Kartoffelsalat (7,50 €)

Anfahrt

ÖVM U5 und U8 Michaelibad, Ausgang Ostpark und Michaelibad, Tram 19, Bus 195

Rad Isarradweg bis Ludwigsbrücke, Rosenheimer Straße, Anzinger und Bad Schachener-Straße bis zum Ostpark (U-Bahn Michaelibad)

Parkplätze Großer Parkplatz Ecke Heinrich-Wieland-/Feichtstraße

toren nicht auf die Frequenz achten, droht ein Zusammenstoß mit anderen Modellbooten. Auf Ruder- oder Tretboote müssen sie keine Rücksicht nehmen, denn die sind hier nicht präsent. Das bürgerliche Publikum entspannt sich derweil auf den Sitzbänken, betrachtet den Springbrunnen im See und wartet geduldig auf den Sonnenuntergang.

Attraktion Skaterpark

Damit es den Jugendlichen im Ostpark nicht zu langweilig wird, hat man einen Skaterpark angelegt. Mit Bike und Board gleiten sie über die Rampen und machen dazu gute Figur. Vor der Kamera ist die Motivation besonders hoch. Ältere Parkbesucher nutzen den Trimm Dich-Parcour, um Koordination, Kraft und Beweglichkeit zu trainieren. Volley- und Fußballer kommen auf den umliegenden Wiesen auf ihre Kosten. Und Müßiggänger erklimmen den höchsten Hügel, um die Aussicht auf München zu genießen.

Ein Prost auf den lauen Sommerabend!

Im Michaeli-Garten ist die Atmosphäre ruhig, gemütlich und international. Letzteres schätzt Paul besonders, schließlich ist er seit 1997 mit Maria-Agostina, eine attraktive Ecuadorianerin, verheiratet. Vor dem Umzug von der Cajetanstraße in München nach Aschheim war die Familie hier Stammgast, auch weil das Spielangebot für Kinder in Biergarten und Park so groß ist. Die beiden Söhne Federico und Paul sind jedenfalls trotz Dämmerung vom nahen Abenteuerspielplatz kaum wegzubekommen, immer wieder soll der Papa beim Hindernisparcours über Klettergerüst und Wippe die Zeit stoppen.

Ostpark

Spielwiesen im Ostpark, Basketballfeld

Spielplatz mit Kletter- und Rutschgerüst, kleines Ponykarussell, Abenteuerspielplatz mit Klettergerüsten und Skaterpark quasi um die Ecke (Ostpark)

Michaelibad, Heinrich-Wieland-Str. 24, Tel. 01801-796223, Mai bis September, Hallenbad auch im Winter, 3,20 € (4,20 €), Kinder 2,30 €, www.swm.de

Maifeier, Jazzabende zum Sonnenuntergang, Ochsenfest

Den richtigen Absprung finden ...

Münchner *Kulturgut*

Stimmung nicht nur zur Starkbierzeit

Warum der Nockherberg 2008 von den AZ-Lesern im Rahmen der Aktion „Mein schönster Biergarten" zum fünften Mal in Serie auf den ersten Platz gewählt wurde, erschließt sich zwar nicht auf den ersten Blick. Als hilfreich erweist sich vielleicht, dass Radio Gong 96.3 bei wichtigen Events stets mit werbewirksamen PR-Aktionen zur Stelle ist. Und dass das berühmte Politiker-Derblecken zur Starkbierzeit landesweit für Furore sorgt. Die Kombination aus Kastanien und Kiesboden sowie das nur leicht überdurchschnittliche Essen können jedenfalls für den Dauer-Triumpf allein nicht verantwortlich sein.

Zur Siegesfeier, die im Juli mittlerweile fast schon Tradition hat, gehen die 1000 Maß Bier plus Gratis-Brezen zum Vorzugspreis von 3 Euro locker in 43 Minuten weg; dazu große Heiterkeit mit der Harthauser Blasmusik, reichlich Prominenz und romantischer Lampionstimmung am Abend.

Mehr Service, weniger Charme

So ein Brunnen zieht mich an!

Insgesamt sitzt man im Paulaner-Biergarten schön und gemütlich, und Mütter freuen sich über ausreichend Platz für den Kinderwagen. Doch der ursprüngliche Münchner Charme ist mit dem bis heute unaufgeklärten Großbrand von November 1999 etwas abhanden gekommen. Seit der Wiedereröffnung 2003 präsentiert sich der Nockherberg als perfekt durchgestylter und -organisierter Großbetrieb, in dem die persönliche Note etwas auf der Strecke bleibt. Zum Glück sind die alten Bäume dem Brand zum Trotz erhalten geblieben.

Die Auerdult findet dreimal jährlich auf dem Mariahilfplatz statt.

Wirte Arabella und Peter Pongratz

Adresse Hochstr. 77, 81541 München

Telefon 089-4599130

Web www.nockherberg.com

Öffnungszeiten Täglich 12–0 Uhr

Sitzplätze 2300 SB + 700 G

Brauerei Paulaner

Maßpreis 6,80 €

Schmankerltipp Weißbier-Obatzda (6,65 €), Käse-Krautspätzle mit Röstzwiebeln (7,25 €), 1/2 niederbayerisches Brathendl (7,45 €), Würstel-Kartoffel-Gulasch (6,95 €)

Anfahrt

ÖVM ÖVM U1 und U2 Kolumbusplatz, Fußweg Nockher- zur Hochstraße; Tram 15, 25 und 27 Ostfriedhof

Rad Isarradweg: Ludwigsbrücke bis Reichenbachbrücke, Ohlmüllerstraße bis Abzweig Hochstraße (2 km)

Parkplätze Begrenzte Parkmöglichkeiten in den umliegenden Straßen, kostenpflichtige Tiefgarage

Im nahen Isartal ab Reichenbachbrücke

Spielplatz mit Wippen, Rutschen und Karussell

Schyrenbad, Claude-Lorrain-Str. 24, Tel. 01801-796223, Mai bis September, 3,20 €, Kinder 2,30 €, www.swm.de

Starkbierfest (Fastenzeit im März), Lampionfest (zweimal im Sommer), Public Viewing zur Fußball-EM und -WM

Michi, der als Komparse beim Kultfilm „Wer früher stirbt, ist länger tot“ in Erscheinung trat und mit der Rockband „Röckl“ als Bassist bei diversen Auftritten die Stimmung anheizt, wohnt in Untergiesing und ist gelegentlich am Nockherberg. Er genießt die aussichtsreiche Lage und das Abendlicht am grünen Isarhochufer. Ein echtes Highlight, hier in der lauen Abendluft Freunde zu treffen. Zu diesem Zweck wird später seine Lebensgefährtin Ruth mit Tochter Johanna nachkommen, mit denen er zuvor den warmen Sommertag im Schyrenbad genossen hat. Doch leider zieht am Abend ein lästiges Gewitter auf und treibt die Gäste unter das Dach.

Ökofleisch vom Lavasteingrill

Münchens erster biozertifizierter Biergarten

Postkartenblick von der Ludwigsbrücke: Der gelbe Jugendstilbau des Müller'schen Volksbades leuchtet in der Nachmittagssonne, darunter plätschert das Isarwasser zwischen den einladenden Kiesbänken dahin. Ein Fußbad oder sogar eine spritzige Luftmatratzenfahrt durch die Strömung ist im Sommer allemal drin. Vom Isarbett sind es nur wenige Schritte bis zum Muffatwerk, das im August 2002 seinen Hinterhof zu einem kleinen Biergarten umfunktioniert hat.

Das Wesentliche im Visier

Keine schlechte Idee, wie sich inzwischen herausgestellt hat. Das Muffatwerk ist der lebende Beweis, dass die Münchner auch einen Biergarten ohne eingewachsene Kastanien und großer Tradition zu schätzen wissen. Vor allem das unverwechselbare Flair an den Mauern denkmalgeschützter Fabrikhallen und das erlesene Speisenangebot kommen bei den Besuchern sehr gut an.

Noch hat Katharina keinen Stress, der große Ansturm steht noch aus. Sie sitzt an der Kasse und wartet auf Kundschaft. Gerade haben zwei Amerikanerinnen und eine Italienerin die Getränke bezahlt. Als Studentin der Sprachwissenschaften will sie sich auf diese Weise ein- oder zweimal pro Woche etwas Geld verdienen. In den Semesterferien lässt sich das zeitlich ganz gut arrangieren. Der Smalltalk mit den Besuchern des überschaubaren Biergartens ist eine willkommene Abwechslung zu ihrer wissenschaftlichen Arbeit, beispielsweise afrikanische Sprachwurzeln zu erforschen. Später will sie einmal im Verlagswesen als Lektorin arbeiten.

Fleisch aus ökologischer Aufzucht

Dass sich ein Biergarten an Biofleisch heranwagt, ist fast revolutionär. Es mag zwar etwas teurer sein als anderswo, dafür liegt es hier nicht halbvertrocknet in einer Theke herum, sondern wird frisch auf dem Lavasteingrill zubereitet. Der Lieferant von Bratwurst, Hähnchenbrust und Rindersteak ist der bekannte Öko-Betrieb Hermannsdorfer. Während man sich Getränke und Brotzeit direkt beschafft, werden die warmen Speisen an der Kasse bezahlt und nach einer entsprechenden Zubereitungszeit abgeholt. Bei großem Andrang ist ein wenig Geduld von Vorteil. Am Wochenende mischt sich Ausflugspublikum in die Szene, die den Biergartenbesuch mit einem Kulturevent in der angrenzenden Muffathalle verknüpft.

Pächter „No Junk" Gastro GmbH

Adresse Zellstr. 4, 81667 München

Telefon 089-458750-73 (Wetterinfo), -74 (Biergarten)

Web www.muffathalle.de

Öffnungszeiten Mo.–Do. ab 16, Fr.–So. ab 12 Uhr mit open end

Sitzplätze 400 SB

Brauerei Hofbräu

Maßpreis 6,50 €

Schmankerltipp Saure Brezenknödel mit Radieserln (4,80 €), 1 Paar Hermannsdorfer Bio-Bratwürste mit Kartoffelsalat oder Sauerkraut (6,80 €), vegetarische Lasagne mit kleinem Salat (7,80 €), Makrele (11,80 €)

Anfahrt

ÖVM S-Bahn Isartorplatz (Richtung Deutsches Museum); Tram 17 (Isartor) und 18 (Deutsches Museum)

Rad Isarradweg bis Ludwigsbrücke, die auch bequem auf der Rosenheimer Straße (Ost) und Zweibrückenstraße (West, ab Marienplatz durch das Tal) erreicht werden kann.

Parkplätze Wenige Parkplätze an der Muffathalle, Tiefgarage am Gasteig

Im Isartal

Kleiner Sandkasten an der Kasse, öffentlicher Spielplatz ca. 200 m entfernt

Müller'sches Volksbad, Rosenheimer Str. 1, Tel. 01801-796223, täglich 7.30–23 Uhr (Schwimmhalle), 3,50 €, Wannen- und Brausebäder extra, www.swm.de

Deutsches Museum, Museumsinsel 1, Tel. 089-217 91, täglich 9–17 Uhr, 8,50 €, www.deutsches-museum.de; Alpines Museum, Praterinsel 5, Tel. 089-211 2240, Di.–Fr. 13–18, Sa. + So. 11–18 Uhr, 4,5 € (DAV-Mitglieder 3 €), www.alpines-museum.de

Konzerte, Lesungen, Tanz, Open Air-Filme und Partys in der Muffathalle

Das Muffatwerk liegt direkt hinter dem Müller'schen Volksbad.

Gastlichkeit und *Tradition*

In einem Münchner Vorzeigeviertel

„Herzlich willkommen, schön, dass Sie da sind" liest der Besucher am Eingangstor. Diese nette Begrüßung symbolisiert die Münchner Gastlichkeit, die im Hofbräukeller bereits seit über 100 Jahren Tradition hat. Dass der Biergarten möglichst viele Gäste bewirten will, merkt man an der dichten Anordnung der Bierbänke. Man rückt also enger zusammen, was zumindest die Kommunikation fördert. Dementsprechend laut ist an lauen Abenden das Stimmengewirr. Ein Hauch von urtümlicher Bierkeller-Atmosphäre unter dem dichten Blätterdach der uralten Kastanien.

Laptop und Lederhosen

Bereits zur Mittagszeit findet sich ein buntes Publikum im Biergarten ein. Parlamentarier spazieren vom Maximilianeum über das schattige Isarhochufer zum Wiener Platz, Geschäftsleute breiten am Biertisch ihr Laptop aus, Haidhauser Nachbarn kommen auf einen Sprung vorbei, junge Mütter schieben ihre Sprösslinge im Kinderwagen hinein und mancher Schüler gönnt sich bei Sommerwetter die ein oder andere zusätzliche Freistunde. Während sich die Reihen am Nachmittag eher lichten, beginnt nach Feierabend der eigentliche

Mit Einzug der Dämmerung versammeln sich Ana, Martin, Heidrun, Petra, Georg und Joan im Sausalitos, das seit etlichen Jahren zum festen Bestandteil des Hofbräu-Biergartens zählt. Hier lassen die Kollegen der Modefirma ihren Arbeitstag ganz locker ausklingen. Keine schlechte Alternative, den Bürostuhl oder die harte Biergartenbank gegen einen bequemen Strandsessel unter den Arkaden der ehemaligen Stallungen auszutauschen. Der feine Sand, die lässige Cocktailbar und die animierenden Surf-Filmsequenzen schaffen eine coole Beachatmosphäre.

Wirte Familie Steinberg

Adresse Innere Wiener Str. 19, 81667 München

Telefon 089-4599250

Web www.hofbraeukeller.de

Öffnungszeiten täglich 10–23 Uhr, Mitte April–Mitte Oktober

Sitzplätze 1400 SB + 350 G

Brauerei Hofbräu

Maßpreis 6,90 €

Schmankerltipp Radieserl (3,20 €), Nudelsalat Toskana-Art (5,50 €), Bierbratl mit Salat (7,90 €), Steckerlfisch (nur abends, 8,30 €)

Anfahrt

ÖVM U4 und U5 Max-Weber-Platz, Tram 18 (Wiener Platz), Tram 15, 19 und 25 (Max-Weber-Platz)

Rad Isarradweg bis Ludwigsbrücke, auf Rosenheimer und Innere Wiener Straße zum Wiener Platz

Parkplätze Wenige Parkplätze in den umliegenden Straßen, Parkhaus nebenan (für Gäste 1 € pro Std.)

Abends und mittags im Biergarten am Hofbräukeller

Biergarten und Beachparty auf engstem Raum

Besucherstrom. Doch selbst dann besteht keine Gefahr, dass das Publikum abhebt. Denn Haidhausen hat sich im Lauf der Jahre zwar etabliert, ist aber keineswegs versnobt.

Spaziergang im Vorzeigeviertel

Als Heinrich der Löwe und Bischof Otto von Freising im Jahr 1158 um Brückenzölle und Münzrechte feilschten, war Haidhausen bereits 350 Jahre alt. Oder anders ausgedrückt: Während München 2008 mit Pauken und Trompeten seine 850jährige Stadtgründung feierte, blickte Haidhausen ohne großes Aufsehen auf seine 1200 Jahre alte Geschichte zurück. Eine Geschichte, die bis zur Neuzeit wechselhaft und spannend ist: Der mit einer gründlichen Sanierung einhergehende Wandel vom Studenten-WG-Viertel in ein Vorzeigeviertel der Besserverdienenden, der sich in den 1980er Jahren mit einem kräftigen Anstieg des Mietspiegels vollzog, dürfte vielen noch in Erinnerung sein.

Geschichte und Moderne prallen in Haidhausen auf engstem Raum aufeinander. Möglicher Ausgangsort ist der halbrunde Orleansplatz am Ostbahnhof, wo Weißenburger-, Wörth- und Belfortstraße in das Franzosenviertel führen. Viele Gebäude sind im Stil der Neurenaissance und des Neubarocks errichtet. Über den Pariser und Weißenburger Platz erreicht man das Gasteiger Kulturzentrum. In der Preysingstraße wirken die Herbergshäuser „An der Kreppe" –

von Haidhauser Handwerkern liebevoll saniert und somit vor dem Abriss bewahrt – neben den modernen Bürohäusern wie Puppenstuben. Hier wohnten zu Beginn des 19. Jahrhunderts bestenfalls arme Lumpensammler, die früh zu Bett gingen, um sich das Abendessen zu sparen. Die Münchner sollen einst gespottet haben, dass von drei Bettlern zwei aus Haidhausen kämen.

Im Isartal, in den Straßen von Haidhausen

Spielplatz mit Rutsche, Wippe, Schaukel und Sandkasten, kostenlose Kinderbetreuung (bis 20 Uhr)

Müller'sches Volksbad, Rosenheimer Str. 1, Tel. 01801-796223, täglich 7.30–23 Uhr

Altes Herbergshaus in der Haidhausener Preysingstraße

Haidhausen-Museum, Kirchenstr. 24, Tel. 089-4485292, So. 14–18, Mo.–Mi. 16–18 Uhr; Deutsches Museum, Museumsinsel 1, Tel. 089-21791, täglich 9–17 Uhr, 8,50 €, www.deutsches-museum.de

Lederhosen- und Dirndl-Frühstück (April–Oktober Sa./So. ab 9 Uhr), Sommerfest mit Livemusik von den Cagey Strings und Hüpfburg (Anfang August)

Münchner Umland

Die Kombination aus **Natur** und ländlichem **Biergartenidyll** steht bei **Groß und Klein** hoch im Kurs. **Faszination Wasser, Bergblick** und **Tradition.**

Stärkung am Schäftlarner Berg

Beliebter Klosterbiergarten im Isartal

Das Kloster Schäftlarn gibt es bereits seit 1247 Jahren, und da Benediktinermönch und Bier gute Freunde sind, wurde vor rund 100 Jahren der Biergarten gegründet. Schade nur, dass die eigene Klosterbrauerei 1974 eingestellt wurde. Dennoch strömen die Ausflügler bei schönem Sommerwetter aus allen Himmelsrichtungen herbei und genießen die privilegierte Lage im Isartal.

Radsport zwischen Biergarten und Klostergarten

Die acht mittelgroßen Kastanien und Linden spenden mit dem üppigen Blätterdach reichlich Schatten, wovon vor allem die dem Kloster zugewandten Sitzgarnituren profitieren. Von hier überblickt man auch das Geschehen auf der Straße, auf der an manchen Tagen mehr Radler als Autos unterwegs sind. Die barocke Klosterkirche, mit Fresken von Johann Baptist Zimmermann ausgestattet, ist hingegen kaum zu sehen.

Kein Trinkwasser für Radler

Nach dem Biergartenbesuch steht manchem Radler der Anstieg auf dem Schäftlarner Berg bevor. Also doch noch schnell die Wasserflasche in der Toilette auffüllen? Dort spart die moderne Sensor-Automatik laut Hersteller bis zu 85 Prozent des Trinkwassers ein, ein Beitrag für den Umweltschutz. Was will uns aber das zu groß geratene Schild mit der Aufschrift „Kein Trinkwasser" sagen: Dass

Sprungkraft unter der Klosterkirche

Wirte Familie Krauß

Adresse Kloster Schäftlarn 16, 82067 Schäftlarn

Telefon 08178-3694

Öffnungszeiten Täglich 9–22 Uhr, bei milden Temperaturen im Winter, Gartenschänke nur an Wochenenden

Sitzplätze 400 SB + 350 G

Brauerei Löwenbräu

Maßpreis 5,50 €

Schmankerltipp 1 Paar Weißwürste mit Breze 4,10 €, Ratatouille-Gemüse mit Baguette 6 €, Matjes nach Hausfrauenart und Dampfkartoffeln 7 €, 1/4 Ente mit Knödel und Blaukraut (7 €, nur So. + Fei.)

Anfahrt

ÖVM S7 Schäftlarn-Ebenhausen und auf dem Fußweg in das Isartal hinab (ca. 15 Min.)

Auto A95 Ausfahrt Schäftlarn oder B11 nach Hohenschäftlarn, bei der Ampelkreuzung Richtung Isartal (Parkplatz am Kloster)

Ob Solln oder Irschenhausen – Micha wohnt seit jeher im Isartal. Am Schäftlarner Klosterbräu-Biergarten ist er mit dem Rad schon Dutzende Male vorbeigekommen. Seine beiden Söhne Yannick und Joshua sind vor allem vom Trampolin begeistert. Wichtiger als die Einkehr ist Micha jedoch das prestigeträchtige Sautrogrennen am nur wenige hundert Meter entfernten Mock-Weiher, das meist am letzten Julisonntag stattfindet. Den glorreichen Sieg von 2007 konnte er alias Johnny Beinhart mit Piratenfreund Orlando Blümchen ein Jahr später allerdings nicht wiederholen.

27 Klosterbräu Schäftlarn

die tatsächlich fließenden 15 Prozent leider kein Trinkwasser sind oder dass der Radler im Biergarten doch lieber ein Bier bestellen möge?

Blumen im Klostergarten

In Kombination mit dem Biergartenbesuch lohnt ein kurzer Abstecher in den Prälatengarten, der zu Heil-, Versorgungs- und Meditationszwecken angelegt wurde. Der Garten ist in vier Segmente unterteilt, den Mittelpunkt bildet ein kleiner Springbrunnen. Irgendetwas blüht auf den gepflegten Beeten immer, sei es Lavendel, Stauden oder eine der zahlreichen Rosenarten. Im angrenzenden Laden werden neben Lebensmitteln und Getränken auch Kosmetik- und Geschenkartikel verkauft.

Im Isartal gibt es eine Vielzahl an Wanderwegen.

Isarradweg ab München Ludwigsbrücke (22 km)

Spielplatz mit Trampolin und Rutsche

Badestellen an der Isar; Ickinger Stausee (ca. 4 km südlich)

Klosterkonzerte von Mai bis September im Prälatenstadl am Südende des Klosterareals, Programm und Kartenvorverkauf unter www.schaeftlarner-konzerte.de

Isarradweg an der Grünwalder Brücke

Blütenzauber im Klostergarten

Freizeit pur im Isartal

Unterwegs in der Pupplinger Au

Ob mit Schlauchboot, Rad, Inline-Skates oder ganz einfach auf Schusters Rappen, die Pupplinger Au ist eines der wichtigsten Naherholungsgebiete für die Münchner. Die Verkehrsanbindung ist mit der S-Bahnlinie nach Wolfratshausen gut gelöst. Besonders attraktiv ist die Gegend für Inline-Skater und Radfahrer, die ihren Ausflug je nach sportlicher Ambition beliebig ausdehnen können.

Pächter Hans Dosch

Adresse Austr. 4, 82544 Puppling

Telefon 08171-78556

Öffnungszeiten Mi.–Fr. 10.30–23 Uhr, Sa. + So. ab 10 Uhr

Sitzplätze 250 SB + 150 G

Brauerei Hacker-Pschorr

Maßpreis 5,40 €

Schmankerltipp Allgäuer Bergkäse mit Breze (5,20 €), Rollbraten mit Kartoffelsalat (6,30 €), Räucherforelle mit Butter und Breze (8,30 €), Apfelstrudel mit Sahne (2,20 €)

Anfahrt

ÖVM S7 Wolfratshausen und Bus 375/377 nach Puppling bzw. gut 2 km zu Fuß

Auto A95 Ausfahrt Wolfratshausen, auf der Umgehungsstraße Richtung Egling/Sauerlach, östlich der Marienbrücke großer Parkplatz; alternativ auf der B11 nach Wolfratshausen

Pupplinger Beschaulichkeit

Das Landschaftsbild der Pupplinger Au ändert sich von Jahr zu Jahr. Nach starken Regenfällen schiebt die Urkraft des Wassers den Isarkies beliebig vor sich her, es bilden sich neue Schuttwälle und Flussläufe. Der umliegende Auwald besteht vorwiegend aus Kiefern, Fichten, Erlen und Weiden, auf dem sandigen Untergrund fühlen sich seltene Pflanzen wie der Lavendel-Weidenbusch, das Alpen-Leinkraut und die Orchidee wohl. Aus diesem Grund ist die

Von der Marienbrücke beidseitig idyllische Pfade unmittelbar am Flussufer durch die Pupplinger Au; außerdem Teerweg Richtung Aumühle und Schäftlarn

Isarradweg ab München Ludwigsbrücke (ca. 30 km); auch der Radweg Via Bavarica-Tyrolensis führt in Puppling vorbei

Kleiner Spielplatz mit Rutsche, Schaukel und Wippe

Badestellen an der Isar; Ickinger Stausee nördlich vom Isarwehr (ca. 3 km)

Anfahrt auf dem Isarradweg

Pupplinger Au als Landschafts- und Naturschutzgebiet ausgewiesen. Besonders malerisch ist der Flussabschnitt nördlich der Wolfratshausener Marienbrücke, weil sich dort kleine Pfade durch die üppige Vegetation schlängeln. Vor allem FKK-Freunde nutzen die einladenden Kiesbänke zum ausgiebigen Sonnenbaden.

Ein lupenreiner Ausflugsbiergarten

Der Biergarten des Aujägers ist nur bei eindeutigem Sommerwetter gut gefüllt, wenn genügend Ausflügler unterwegs sind. Bei unsicheren Bedingungen bleibt die Schenke im Zweifelsfall geschlossen. Selbst die Wolfratshausener müssen zwei bis drei Kilometer bis zum Biergarten zurücklegen, echtes Stammpublikum ist rar. Zudem kühlt es bedingt durch die naturnahe Flusslage abends rascher ab als anderswo. Zum Ausgleich sitzt man hier in Sichtweite des Maibaums recht gemütlich und genießt das sommerliche Flair. Das Speisenangebot ist nicht sehr umfangreich, dafür sind die Preise moderat. Der Renner sind die Forellen von der nahen Fischzucht Aumühle und der Steckerlfisch vom Holzkohlegrill.

Noch bevor das Skaten in Mode kam, ist Christine bereits auf ihren Inlinern unterwegs gewesen. In ihrer Heimat, dem Bodensee, ist dieser Sport auch so gut geeignet wie in kaum einer anderen Region. Nach ihrem Umzug nach München nahm sie bis vor vier Jahren an der Blade Night teil, dann wurde ihr dieses Event zu langweilig. Dafür hat sie inzwischen Wolfgang von den Vorzügen des Skatens überzeugt und geht mit ihm auf Tour. Die frisch geteerte Route zwischen Aumühle und Aujäger gehört zu ihren Standards. Zur Belohnung stoßen sie zur Halbzeit im Biergarten mit Saftschorle und Weißbier an.

29 Buchsee Münsing

Ein Bad im *Moorsee*

Urtümlicher Bauernhof

Postkartenidylle nördlich von Münsing: Zwischen Wald und Wiesen liegt in einer kleinen Senke ein schilfbestandener Moorsee. Vor einer kleinen Ewigkeit kam der Bauer, dem der Grund gehört, auf die Idee, sein kleines Paradies gegen einen geringen Obolus Badegästen zu öffnen. Um das Geschäft zu beleben, gründete er direkt am Hof einen kleinen Biergarten.

Adresse Buchsee, 82541 Münsing

Öffnungszeiten Bei schönem Badewetter 8–19.30 Uhr

Sitzplätze ca. 100 SB

Brauerei Hacker-Pschorr

Maßpreis 5,60 €, Halbe im Steinkrug 2,80 €

Schmankerltipp Portion Salat (2,50 €), 1 Paar Wiener mit Salat (4 €), 2 Paar Wiener mit Salat (5,30 €), 1 Stück Kuchen (2,80 €)

Anfahrt

ÖVM S7 Icking und ca. 6 km mit dem Rad auf beschilderter Route

Auto A95 Ausfahrt Wolfratshausen, B11 Münsing, Straße Richtung Höhenrain und links in den Wald

Biergarten unter den Linden

Biergarten ist fast ein wenig übertrieben: Man sitzt vor einer schmucklosen Hausfassade, der ein paar Blumen zur Dekoration gut zu Gesicht stehen würde. Mit herbem Charme reichen die Bauern das bestellte Essen und Getränke durch das Küchenfenster. Das Angebot besteht aus Wiener mit Brot oder Salat sowie Kuchen. Doch Essen ist hier zweitrangig: Dieser Mini-Biergarten lebt von der frischen Luft unter den Linden und vom sommerlichen ländlichen Flair.

Der Bauer setzt auf Ordnung und Disziplin. Ein Schild weist darauf hin, dass Nacktbaden und „oben ohne" ebenso verboten sind wie das Mitbringen von Hunden, Grillen und ein offenes Feuer. Während sich die Wiese am Seezustieg rasch füllt, findet man auf der großen Wiese Richtung Wald immer ein freies Plätzchen. Allerdings gibt es dort so gut wie keinen Schatten und das Moorbad ist mit einem kleinen Spaziergang verbunden. Durch unterirdische Quellen bleibt der See auch im Hochsommer angenehm kühl. Das braune Moorwasser ist zudem angenehm weich. Das Seeufer ist für die Kleinkinder reserviert. Viele bunte Schwimmutensilien gehören mit zum sommerlichen Bild.

Da der Buchsee nicht mit öffentlichen Verkehrsmitteln zu erreichen ist, empfiehlt sich die Anreise mit dem Rad. Vom S-Bahnhof Icking ist die auf wenig befahrenen Nebenstraßen verlaufende Route über Walchstadt und Höhenrain beschildert. Sehr lohnend ist auch die Strecke über das Erholungsgebiet Kempfenhausen nach Starnberg, wo man nach einem abschließenden Bad das Fahrrad in die S-Bahn verstauen kann.

Wald-, Wiesen- und Badeidylle am Buchsee

Fußweg nach Münsing (M1) und über Weipertshausen nach Ammerland am Starnberger See (M6)

Isarradweg ab München Ludwigsbrücke bis Ickinger Stauwehr (27 km), steile Auffahrt bis S-Bahnhof Icking und Radroute zum Buchsee (gesamt 35 km); von Icking zum Buchsee (6 km) und über Kempfenhausen nach Starnberg (14 km)

Weitläufige Wiesen zwischen Bauernhof und See

Freigelände mit Wiesen und Wasser

Buchsee; evtl. Starnberger See (Erholungsgebiet Kempfenhausen)

Spaßiges Scharmützel unter Freundinnen

Wenn Mitte Juni der frische Lindenblütenduft über Hof und Wiesen weht, fühlt sich Andi hier besonders wohl. Bereits als Kind ist er regelmäßig mit dem Rad zum Buchsee gefahren und hat 50 Pfennig für den Eintritt in das provisorische Badeareal gelöhnt. Faszinierend, dass sich hier in 40 Jahren gar nichts verändert hat! Gut, der Eintritt kostet inzwischen viermal so viel, aber die Würstl mit Kartoffelsalat scheinen ein Dauerrenner zu sein. Dazu die freilaufenden Hühner, die unveränderte Badelandschaft mit der nostalgisch anmutenden Umkleidekabine direkt am See und das immer gleiche Flair. Schade, Andi, dass wir uns zum Fototermin nicht mehr getroffen haben.

Landleben vom Feinsten

Bergblick über dem Kochelseemoor

Biergärten mit Eintritt – das klingt eigentlich wie ein schlechter Witz. Wenn sie aber im großzügigen Gelände eines Freilichtmuseums liegen, relativiert sich die Preisfrage wieder. Immerhin rettet das Museum historische Häuser von Bauern, Knappen und Tagelöhnern aus Oberbayern vor dem Verfall und baut sie originalgetreu in Glentleiten wieder auf. Wer ein Faible für urtümliche Architektur und vergessenes Handwerk hat und gerne von Hof zu Hof wandert, ist hier bestens aufgehoben. Jedes Jahr behandelt das Museum ein Sonderthema: 2009 etwa steht das „Landleben vom Feinsten" mit Glanz und Gloria der reichen Landbevölkerung im Mittelpunkt.

Rundgang mit drei Biergärten

Die beste Aussicht auf das Kochelseemoor genießt man vom Biergarten am Starkerer Stadel. Hier gibt es an Schlachttagen frische Weißwürste und Kesselfleisch, an Sonntagen frische „Auszogne". Kinder toben sich am großen Spielplatz aus. Unterhalb der Wagnerei stößt man auf den historischen Biergarten des Salettls, der nur bei warmem Wetter geöffnet hat. Zur Anlage gehören ein Sommerkeller, in dem das Bier kühl gelagert wird, und eine alte Holzkegelbahn. Die Wirtin Maria Heinritzi betreibt gleichzeitig den Kramerladen im oberen Museumsgelände. Besonderen Wert legt die Kräuterpädagogin auf hausgemachte Produkte, die sie mit regionalen Zutaten zubereitet. Ein Klassiker ist die aus Holunderblüten, Zitronenmelisse, Rhabarber und Giersch gemixte Limonade. Außerdem holt man sich im

Ulrike sitzt vor der Hütte und bindet aus Pfefferminz und Oregano hübsche Kräutersträuße. Von März bis Dezember arbeitet die Tölzerin als Gemüsegärtnerin in Glentleiten. Über Wachstum und Nutzen der Pflanzen weiß sie viel zu erzählen. Die Gartenmelde etwa, die Vorgängerpflanze vom Spinat, kann man roh oder gekocht verwerten. Ihr Wissen vermittelt sie im Rahmen von Kräuterwanderungen, die ein bis zwei Tage im Voraus beim Museum gebucht werden müssen. Ulrike ist sehr naturverbunden, der Job macht ihr Spaß. Auch als Sennerin hat sie auf der Chiemgauer Wuhrsteinalm mit elf Jungtieren und vier Kälbern bereits gearbeitet.

Biergarten am Starkerer Stadel

Laden deftige Brotzeiten oder Torten und Gebäck der Saison. Theke und Regale sind Originalstücke aus jener Zeit, in der die Bauern hier einst Kaffee und Werkzeuge einkauften.

Apropos Werkzeug: In den historischen Gebäuden lebt durch regelmäßige Vorführungen das alte Handwerk wieder auf. Arbeiten wie Weben, Wadlstrumpfstricken, Lederhosenflicken, Filzen, Drechseln, Korbflechten, Seilern, Klöppeln, Spinnen oder Schnitzen werden wie früher mit vorindustrieller Technik durchgeführt. Und dies vor der Kulisse einer alten Wetzsteinmacherei, Hammerschmiede, Wagnerei, Sattlerei, Sägemühle oder Töpferei.

Starkerer Stadl

Wirt Rudi Schmid

Adresse Museum Glentleiten, 82439 Großweil

Telefon 08851-7686

Web www.starkerer-stadel.de

Öffnungszeiten Mitte März bis Mitte November 9–18 Uhr (bis Mai und ab Oktober Mo. Ruhetag)

Sitzplätze 260 SB

Brauerei Ettaler Klosterbier

Maßpreis 5,80 €

Schmankerltipp Hausgemachte Spinatknödel mit Käsesoße (5,50 €), Zucchini-Kartoffelgratin an bunten Salaten (6,50 €), Schweinebraten mit Kartoffelknödel (7,50 €), Riesen-Dampfnudel mit Vanillesoße (4,50 €)

Anfahrt (für Starkerer Stadl und Kramerladen)

ÖVM Bahn bis Murnau oder Kochel, Bus 9611 Glentleiten (nur 21.4 –31.10.)

Auto A95 Ausfahrt Kochel und über Großweil der Ausschilderung folgen

30 Starkerer Stadel und Kramerladen Glentleiten

Blick vom Almenrundweg zu Herzogstand und Heimgarten, vom Kochelsee erkennt man in der Ferne das Freigelände Glentleiten (im Bild rechts)

Kramerladen

Wirt Maria Heinritzi

Adresse Kramerladen im Museum, 82439 Großweil

Telefon 08851-7527

Web www.glentleiten.de

Öffnungszeiten Mitte März bis Mitte November 9–18 Uhr (bis Mai und ab Oktober Mo. Ruhetag)

Sitzplätze 150 SB + 80 SB (Salettl)

Brauerei Altöttinger Hellbräu

Maßpreis 5 €

Schmankerltipp
Obatzdenbrot (1,50 €), Vinschgauer Fladenbrot mit Geräuchertem und Käse belegt (3,50 €), Topfenstrietzl (1,80 €), Rohrnudel gefüllt mit Kirschen, Zimt und Zucker (1,50 €)

Kramerladen in Glentleiten

Freilichtmuseum Glentleiten; Wanderzustiege von Schwaiganger (1 Std.), Bushalt Kreut-Alm und Bergwerk (je 40 Min.) sowie Schlehdorf (1 Std.); Kochelseemoor bei Schlehdorf

Rundtour im Kochelseemoor zwischen Großweil, Benediktbeuern, Kochel und Schlehdorf (25 km; Anstieg von Großweil nach Glentleiten 1,5 km)

Spielplatz mit Kletterfels, Drehscheibe, Wippe und Rutsche (Starkerer Stadel); zahlreiche Aktionen im Museum (z. B. Mosaike basteln, Steine schleifen oder Fässer bauen); viele Tiere auf dem Gelände

Kochelsee bei Schlehdorf, Eichsee bei Großweil

Musikalischer Frühschoppen im historischen Biergarten des Salettls (Juni bis Oktober So. 11–13 Uhr), Sonderausstellungen zum jeweiligen Jahresthema, täglich Handwerksvorführungen und Veranstaltungen

Freilichtmuseum Glentleiten, Tel. 08851-1850, Mitte März bis Mitte November 9–18 Uhr (bis Mai und ab Oktober Mo. Ruhetag), 5 € (Abendkarte ab 17 Uhr 2,50 €), www.glentleiten.de

Villa mit *Seeblick*

Frische Brise am Starnberger See

In der Wirtschaft Zum Häring ist die Promiliste länger als die Warteschlange am Anlegesteg an einem herrlichen Ausflugstag. „Häring's haben ständig Gäste, interessante Persönlichkeiten, die andere nur vom Fernsehen her kennen!" schrieb einst die Cosmopolitan. In den Biergarten verirrt sich eine Caroline Reiber oder ein Michael Ballack zwar kaum, aber dafür liefert die hochgelobte Häring-Küche das Essen frisch dorthin.

Wanderer und Surfer ziehen direkt am Biergarten vorbei.

Während sich Fritz Häring in der Restaurantküche seine Meriten erwirbt, führt seine Frau Marlies den Biergarten mit viel Engagement. Neben dem Tagesmenü sind der Steckerlfisch, diverse Salate und der Obatzde zu empfehlen. Ein Markenzeichen sind die frischen Brezen und Blechkuchen aus der hauseigenen Backstube, die von Sohn Patrick geleitet wird. Wenn es abends zu frisch wird, helfen Decken über ein etwaiges Frösteln hinweg. Leseratten können gegen ein mitgebrachtes Buch ein Werk aus der ausrangierten britischen Telefonzelle entnehmen.

Villa in toskanischem Stil

Richtig feines Essen gibt es im direkt an der Seepromenade gelegenen Terrassenlokal gleich um die Ecke. Mindestens ebenso viel Flair wie die illustre Terrasse verbreitet das Midgardhaus, eine Villa, die Mitte des 19. Jahrhunderts in toskanischem Stil erbaut wurde. Direkt vor dem Haus führt eine Steintreppe in das Wasser, die von zwei mächtigen bronzenen Löwen bewacht wird. Einer Legende nach soll sich hier einst Ludwig II. mit Kaiserin Sissi zum heimlichen Rendezvous getroffen haben. Dass die ehemalige Sommervilla heute überhaupt für die Öffentlichkeit zugänglich ist, ist den Wirten zu verdanken, die das Haus im Jahr 1985 erwarben und komplett renovierten.

Im Feldafinger Park

Bei der Wanderung von Possenhofen nach Tutzing am Starnberger See kommt man direkt am Tutzinger Biergarten vorbei. Unmittelbar am Seeufer liegt auch der Feldafinger Park. Die großzügige Parkanlage wurde auf Wunsch von König Max II. von Bayern vom Generaldirektor der königlich-preußischen

Catsegeln auf dem Starnberger See

31 Tutzinger Biergarten

Sara und Martin aus Arnsberg trinken sich am Nachmittag schon einmal für den Abend warm. Denn dann werden sie sich mit ihrem Vermieter im Tutzinger Biergarten treffen. Eigentlich ist der Vermieter ein guter Freund, den Martin auf geschäftlicher Ebene kennen gelernt hat und im Urlaub praktischerweise besuchen kann. Wenigstens diesen einen Sommer noch, bevor Tochter Maya im heimischen Sauerland eingeschult wird und die Zeit knapp wird. Das Quartier auf der Ilkahöhe liegt in Traumlage über dem Starnberger See. Wenn das Wetter dann auch noch mitspielt, ergibt sich ein herrlicher Blick auf die Alpen.

Hofgärten, Peter Joseph Lennès, im Jahr 1853 errichtet. Heute erfreuen sich zahlreiche Spaziergänger und Radfahrer am baumbestandenen Ufergrün. Auf Höhe der Roseninsel führt der Parkweg am Platanenrondell des ehemaligen Glockenstegs vorbei. Im Sommerhalbjahr rudert der Fährmann mit seiner historischen Plätte Passagiere zum kleinen Eiland hinüber, auf dem ein hübsches Schloss besichtigt werden kann. Hinter dem Park führt der Wanderweg über Garatshausen nach Tutzing.

Wirtin Marie-Luise Häring

Adresse Midgardstr. 3–5, 82327 Tutzing

Telefon 08158-1216

Web www.haering-wirtschaft.de

Öffnungszeiten Bei schönem Wetter täglich 10–23 Uhr

Sitzplätze 250 SB

Brauerei Augustiner

Maßpreis 5,60 €

Schmankerltipp Hausgemachter Obatzda (4,40 €), hausgemachter Wurstsalat (4,80 €), Spareribs (8,20 €), verschiedene Kuchen aus eigener Backstube (2,40 €)

Anfahrt

ÖVM S6 Tutzing und Richtung Schiffanlegestelle; von Starnberg, Berg, Leoni, Possenhofen, Ammerland, Ambach, Bernried und Seeshaupt mit dem Dampfer, www.bayerische-seenschifffahrt.de

Auto A952 nach Starnberg, an der Westuferstraße nach Tutzing, Mühlfeldstraße zum Parkplatz am Biergarten

Westufer Starnberger See, z.B. durch den Feldafinger Park zur S-Bahn Possenhofen (7 km); Ilkahöhe (ca. 1 Std.)

Rund um den Starnberger See (53 km)

Kleines Karussell, Abenteuerspielplatz im nicht einsehbaren Strandbereich

Liegewiesen im Strandbereich

Starnberger See direkt im Blickfeld, das Nordbad ist nur wenige Meter entfernt.

Surf + Cat Center Tutzing, Windsurfschule, Catsegeln und Waterbike-Verleih, Nordbadstr. 1, Tel. 08158-6819, z. B. Catsegel 35–45 € (1 Std.), www.nordbad.de

Schöner Badestrand nur wenige Meter vom Tutzinger Biergarten entfernt

Kleines *Ausflugsparadies*

Natur pur mit Seeblick

Je blauer der Himmel, desto besser die Laune

Der Maisinger Seehof ist als reiner Ausflugs-Biergarten extrem vom Wetter abhängig. Hier fährt man in der Regel nicht auf gut Glück hin, sondern man wartet auf warme Sonnenstrahlen. Denn von den Logenplätzen auf dem Damm genießt man zwar den herrlichen Seeblick, doch dafür weht hier oft eine kühle Brise. Und bei einem etwaigen Sommergewitter ist die Flucht in die warme Wirtsstube auch nur begrenzt möglich.

Bei schönem Wetter ist Maising ein kleines Ausflugsparadies. Abseits von Lärm und Verkehr genießt man die schöne Stimmung rund um den Biergarten. Radler und Spaziergänger kommen zwischen Starnberger See, Maisinger Schlucht und Maisinger See voll auf ihre Kosten. Kinder ebenso, die am nahen Bach und am Seeufer auf Entdeckungsreise gehen oder vom Sprungturm ins kühle Nass hüpfen.

Wirte Michael Smolka, Rupert Wachter

Adresse Seestr. 14, 82343 Maising-Pöcking

Telefon 08151-744242

Web www.maisingerseehof.de

Öffnungszeiten Ostern bis Ende Oktober täglich außer Mo. 10–22 Uhr

Sitzplätze 450 SB

Brauerei Herrnbräu

Maßpreis 5,40 €

Schmankerltipp Krustenbraten (7,90 €), Schnitzel Wiener Art (vom Schwein) mit Pommes oder Kartoffelsalat (7,50 €), hausgeräucherter Bachsaibling mit gemischtem Salat (12,90 €), Aprikosenkuchen mit Quark und Mandeln (2,40 €)

Anfahrt

ÖVM S6 Starnberg und Bus 962 bis Maising Ortsmitte

Auto A952 nach Starnberg, B2 bis Abzweig Maising, Stichstraße zum Maisinger Seehof

Qualität statt Massenware

Um die Ausflugsgäste bei Laune zu halten, setzen die Wirte Michael Smolka und Rupert Wachter auf gesunde Ernährung. Regionale Starnberger-Land-Vermarktung heißt die Zauberformel. Den weitesten Transportweg legt ausgerechnet das Ingolstädter Herrnbräu zurück. Seit 2008 gibt es sogar Saftschorlen von Früchten der Perger Streuobstwiesen in Bioqualität. Das Fleisch stammt von Tieren, die ausschließlich mit heimischen Futtermitteln heranwachsen. Das Wiener Schnitzel wird nach jeder Bestellung einzeln ausgebacken. Deshalb bekommt man nach der Bestellung am Küchenfenster eine Nummer ausgehändigt, die nach einigen Minuten aufgerufen wird. Sämtliche Beilagen, Soßen und Salatdressings sind hausgemacht. Purer Luxus für einen nur auf den ersten Blick gewöhnlichen Biergarten.

Hervorzuheben ist auch die eigene Räucherei des Maisinger Seehofs. Der hausgeräucherte Bachsaibling etwa wird kalt mit frischem, knackigem Salat serviert und ist sehr schmackhaft. Auch die aus dem Maisinger See gefischten Karpfen und Schleien schmecken besonders gut, da sie im Gegensatz zu reinen Zuchtfischen nicht gefüttert werden. Das traditionelle Abfischen, wofür man eigens das Seewasser ablässt, findet inzwischen nur noch alle fünf Jahre zum Saisonfinale im Oktober statt. Die Wirtsleute tauchen dann zwar in die lange Winterpause ab, doch sobald der Maisinger See zufriert, treiben hier zahlreiche Schlittschuhfahrer und Eisstockschützen ihren Sport.

Maisinger Schlucht (vom Biergarten ca. 10 Min.); Rundweg um den Maisinger See (ca. 1 Std.)

Würm-Radweg: München-Pasing – Starnberg, Abzweig Maisinger Schlucht (27 km)

Badestelle mit kleinem Sprungturm am See, kleiner Spielplatz mit Schaukel

Maisinger See direkt am Biergarten

Sprung in den Maisinger See: An der Stilnote lässt sich noch etwas feilen ...

Schön gemütlich, heißt die Devise von Anita und Tobias aus Pöcking, die mit ihrer Münchner Freundin Anna einen der schönen Aussichtsplätze ergattert haben. Gut gelaunt sind sie in eine Unterhaltung vertieft und nehmen ihr näheres Umfeld kaum wahr. Sie schätzen das angenehme Flair in diesem kleinen und überschaubaren Biergarten. Schwimmen fällt allerdings aus: Da sie die Badesachen vergessen haben, muss der Seeblick genügen. Gegen ihre sonstigen Gepflogenheiten sind sie dieses Mal auch mit dem Auto da.

Mit Rad bei Badewetter

Ausflugs-Klassiker im Fünfseenland

Zwischen Schlossberg und Karlsberg windet sich die Würm durch das malerische, tief eingeschnittene Tal. Kein Wunder also, dass auf diesem Abschnitt bei schönem Wetter zahlreiche Wanderer und Radfahrer unterwegs sind. Der Radweg von Pasing entlang der Würm ist vielleicht die schönste Route von München zum Starnberger See. Alternativ gibt es noch den von Fürstenried wie mit dem Lineal gezogenen „Highway“ durch den Forstenrieder Park oder die Route über Forst Kasten und Buchendorf. Direkt in der „Einflugschneise“ nach Starnberg gelegen kommt der Leutstettener Biergarten vielen Ausflüglern wie gerufen.

Wanderer profitieren bei der Streckenwanderung von Gauting nach Starnberg von der S-Bahn, die sie vom Zielort wieder bequem nach München zurückbefördert. Besonders bei heißem Wetter ist Leutstetten ein lohnendes Ziel, weil der Biergarten schön schattig ist.

Frisches aus der guten Küche

Von Leutstetten lohnt der Weg durch die Flussauen der Würm bis zur Seepromenade in Starnberg.

Die Schlossgaststätte ist für ihre gute Küche bekannt, und von der gehobenen Qualität profitiert auch der Biergartenbesucher. Immerhin sind klassische Schmankerl wie Kartoffel- und Wurstsalat ebenso frisch und hausgemacht wie der Obatzde und die Soße für die Spareribs, die wiederum jede halbe Stunde frisch zubereitet werden. Die Brezen werden alle 20 Minuten frisch gebacken. Manchmal gibt es auch besondere Spezialitäten wie Elsässischen Flammkuchen. Wenn die Nachfrage groß ist, kommt es aufgrund der frischen Zubereitung

Ortstermin Leutstettener Biergarten, ein schöner Sommertag. Vier Studentinnen von der Starnberger Fachhochschule für Rechtspflege wollen ihren Dozenten für die Abschlusszeitung interviewen. Gerade wollen sie ansetzen, ihre erste Frage zu dem Thema „Wie würde der Film über Ihr Leben heißen" zu formulieren, da funken wir mit dem spontanen Interview dazwischen. Die Ablenkung nebst kurzem Fototermin scheint Carolin, Kathi, Vroni und Sonja aber durchaus zu amüsieren, gut gelaunt prosten sie mit Helmut auf den schönen Tag an. Ein Biergartenführer ist ja schließlich auch mitten aus dem Leben gegriffen.

Wirte Familie Sattlegger

Adresse Altostr. 11, 82319 Leutstetten

Telefon 08151-8156

Web www.hs-gaststaetten.de

Öffnungszeiten Mai bis September werktags 17–0 Uhr, am Wochenende ab 10 Uhr; außerhalb der Zeiten ist eine Selbstbedienung im Lokal möglich.

Sitzplätze 500 SB

Brauerei Kaltenberg

Maßpreis 6 €

Schmankerltipp Hausgemachter Obatzda 5,50 €, hausgemachter Kartoffelsalat 3 €, Spareribs mit hausgemachter Soße 6 €, Steckerlfisch ab 9 €

Anfahrt

ÖVM S6 Gauting bzw. Starnberg-Nord (5 bzw. 3 km entfernt), Bus 963 von Gauting und Starnberg (schlechte Verbindung)

Auto A96 Ausfahrt Gräfelfing, über Gauting nach Mühltal, beschilderter Abzweig; A95 Starnberg, am Stadtrand rechts in die Gautinger Straße, vor Mühltal rechts ab (begrenzte Parkmöglichkeiten)

Von Gauting durch das malerische Würmtal nach Leutstetten, weiter über die Villa Rustica nach Heimatshausen und auf der Seepromenade nach Starnberg (ca. 2 1/2 Std.); Ruine Karlsburg (Wegeinstieg zwischen Leutstetten und Mühltal)

Würmtal-Radweg: Pasing – Leutstetten (17 km), Weiterfahrt nach Starnberg (5 km)

Badestelle in der Würm nahe der Autobrücke; Starnberger See zwischen Starnberg und Kempfenhausen (5 km)

Theater am Hof in der ehemaligen Reithalle des Leutstettener Gestüts (Herbst)

schon mal zu Wartezeiten. Umgekehrt, wenn es im Außenbereich eher ruhig zugeht, kann man gegen Abholung auf der Gartenterrasse mit etwas Glück sogar ein Gericht von der Tageskarte bestellen.

Promenade am *Dampfersteg*

Biergarten mit Seeblick

Sobald ein Schiff der Ammerseeflotte am Horizont auftaucht, füllt sich der Dampfersteg. Ein reges Kommen und Gehen setzt dann auch im Seehofer Biergarten ein, der nur einen Steinwurf von der Anlegestelle entfernt am Seeufer liegt. Die Seepromenade führt mitten durch den Biergarten hindurch, was den Rummel noch verstärkt. Oder um es positiv auszudrücken: Was die Faszination, viele Leute zu beobachten, noch verstärkt.

Die Logenplätze liegen direkt am See, mit Vorliebe setzt man sich mit Brotzeit und Getränk auch auf die Ufermauer über dem Kiesstrand und blickt auf das Wasser. Ohne Sonnenbrille geht am Seeufer angesichts der am Nachmittag einsetzenden intensiven Spiegelung gar nichts. Doch Coolsein ist ja auch nicht schlecht.

Im Sommer herrscht reger Schiffsverkehr. Manchem Einheimischen liegt immer noch im Magen, dass sich die Seeflotte im April 2008 um den Dampfer „Augsburg" erweitert hat; die Fuggerstädter sind am Ostufer des Ammersees nicht sonderlich beliebt. Selbst die Herrschinger Oberbürgermeisterin ließ sich zu der klischeehaften Aussage hinreißen, dass die sparsamen schwäbischen Seelen gewöhnlich mit ihrem eigenen Proviant anrückten, um anschließend die Verpackung zurückzulassen.

Anspruchsvolle Volksmusik steht nicht nur beim Seehof-Wirt hoch im Kurs.

34 Seehof Herrsching

Wirte Familie Reichert

Adresse Seestr. 58, 82211 Herrsching

Telefon 08152-9350

Web www.seehof-ammersee.de

Öffnungszeiten Täglich 11–23 Uhr ab 10 Grad und Sonnenschein

Sitzplätze 350 SB + 250 G

Brauerei Hofbräu

Maßpreis 5,60 €

Schmankerltipp Knödel mit Soße 2 €, 1/2 Hendl 5,90 €, gebackene Forelle 8,60 €, gebackener Saibling 9,90 €

Anfahrt

ÖVM S5 Herrsching, wenige Minuten zu Fuß; von Stegen, Schondorf, Breitbrunn, Holzhausen, Riederau und Dießen mit dem Dampfer (www.bayerische-seenschifffahrt.de)

Auto A96 Richtung Lindau, Ausfahrt Oberpfaffenhofen, über Weßling und Seefeld nach Herrsching (Zufahrt Seestraße)

Am besten ein Fisch zur Volksmusik

Im Herzen des Biergartens befindet sich das Podium, wo regelmäßig musiziert oder auch getanzt wird. An Sonntagen rücken ab spätem Nachmittag niveauvolle Musikgruppen aus der Region an, mischen sich unter die fröhliche Menge und zeigen Proben ihres volksmusikalischen Könnens. Zur Musik schmeckt ein geräucherter Fisch. Vom Ammersee stammen Renke und Aal, den der Fischer Rauch frisch anliefert. Es gibt aber auch Saibling und Forelle oder bayerische Schmankerl vom Obatzden bis zur Dampfnudel.

Wandern im Rieder Wald

Die Ausflugsmöglichkeiten am Ammersee sind vielfältig. Während sich die Radler im Fünfseenland nach Belieben austoben, bleiben die meisten Wanderer am Seeufer. Die Seepromenade an der Herrschinger Bucht gleicht bei schönem Ausflugswetter manchmal

Genießer am
Herrschinger Dampfersteg

Am Westufer des Ammersees bis zum Seeheim (Süden) sowie in Richtung Breitbrunn und Inning (Norden)

Ammersee-Radweg: München – Weßling (35 km), über Seefeld nach Herrsching (gesamt 47 km); rund um den Ammersee (ca. 46 km, am Westufer Ammer-Amper-Radweg)

Wiesen im Uferbereich

Kiesstrand direkt am Biergarten, Karussell ab 3 Kindern (50 Cent)

Ammersee

el goro, Bootsverleih Peter Neuner, Summerstr. 8, Herrsching, Tel. 08152-56663, Ruder-, Tret- sowie Elektro- oder Solarboote 8–18 € je Std., www.elgoro.de

Jeden So. Musik (z.B. Murnauer Geigen-musi), Feuerwerk (April), Maitanz, Sonnwend-nacht (Juni), Volkstanz (August), Public Viewing zur Fußball-EM und -WM

einem Rummelplatz. Im Landschaftsschutzgebiet Rieder Wald hingegen ist weniger los. Der Pfad führt über Wurzeln durch den Schilfgürtel, Stichwege leiten zu einsamen Kiesbänken mit Bademöglichkeit. In Breitbrunn lässt sich die Wanderung nach Hechendorf am Pilsensee ausdehnen, das gleichfalls an der S-Bahn liegt.

Kiesstrand in der
Herrschinger Bucht

Von Zeit zu Zeit holt Peter Reichert bei schöner Abendstimmung seine Trompete hervor und stimmt am Landungssteg zur Freude seiner Gäste den alten Evergreen „Wenn bei Capri die rote Sonne im Meer versinkt" an. Obwohl man am schönen Ammersee ja nicht vom Mittelmeer träumen müsste. Aber der Wirt ist ein großer Musikfreund, weshalb er vom Maitanz bis zum Volkstanz im August das ganze Jahr über Veranstaltungen organisiert. Doch einheimische Volksmusik muss es sein, darauf legt er Wert. Insgeheim träumt er von einer Seebühne. Seit 12 Jahren leitet er zusammen mit seiner Frau, die für das Hotel zuständig ist, den Herrschinger Seehof. Da die Einkehr 365 Tage im Jahr geöffnet hat, bleibt wenig Zeit zur Entspannung. Urlaub ist nur Ende November drin.

Treffpunkt der *Pilger*

Zwei Biergärten auf dem Heiligen Berg

Nach der Regel des heiligen Benedikt „Alle Fremden, die kommen, sollen aufgenommen werden wie Christus" wurden Pilger einst von den Mönchen verköstigt. Ganz so freundlich wird der Gast heute am Heiligen Berg leider nicht mehr empfangen, was vielleicht am Massenbetrieb liegt, der bei schönem Ausflugswetter fast zwangsläufig einsetzt. Andechs ist in jedem Reiseführer als Highlight beschrieben, dementsprechend bunt und international ist hier das Publikum.

Claudia und Andreas verbringen ihre „Flittertage" im Fünfseenland. Die Hochzeit fand am Vortag im Künstlerhaus statt, dann ging es in das Hotel Sonnenhof nach Holzhausen. In der Früh haben krähende Hähne und quakende Frösche die beiden aus dem Schlaf gerissen und mittags sorgt der große Menschenauflauf am Heiligen Berg für Trubel. Entspannen sieht anders aus, aber frisch Verliebte bringt so schnell nichts aus der Fassung. Im schattigen Klosterhof-Biergarten ist es relativ ruhig. Die begeisterten Mountainbiker und Skitourengänger freuen sich auf den Abstieg zum Ammersee, wo noch eine romantische Dampferfahrt ansteht.

Abgesehen davon, dass der gut einstündige Aufstieg vom S-Bahnhof Herrsching durch das Kiental bestens beschildert ist, folgt der Fremde einfach dem Pilgerstrom zum Heiligen Berg. Unterwegs gibt es mehrere Möglichkeiten, die Hauptroute auf einem abzweigenden Pfad zu verlassen und die Wanderung somit abseits der Massen zu verlängern. Aber die meisten Pilger freuen sich auf das berühmte Klosterbier und nehmen den Rummel gerne in Kauf.

Klostergasthof: Gemütlich und individuell

Am Heiligen Berg hat man die Wahl zwischen zwei Biergärten. Der untere gehört zum Klostergasthof und ist älter als das Kloster selbst. Man sitzt hier unter schattigen Kastanien und genießt das typisch bayerische Biergartenflair.

Wirt Alexander Urban

Adresse Bergstr. 9, 82346 Erling-Andechs

Telefon 08152-93090

Web www.klostergasthof.de

Öffnungszeiten In der Regel 11–20 Uhr, im Winterhalbjahr spontan an warmen und sonnigen Tagen

Sitzplätze 250 SB + 400 G

Brauerei Kloster Andechs

Maßpreis 5,80 € (Hell) – 6,80 € (Doppelbock)

Schmankerltipp Maiskolben vom Grill (3 €), Ofenkartoffel mit Sauerrahm (5 €), 4 Schweinswürstl mit Kraut (6 €), fangfrische Lachsforellen mit Beilagen (3,30 € je 100 g)

Anfahrt

ÖVM S5 Herrsching und Bus 951 Richtung Starnberg Nord oder S6 Starnberg Nord und Bus 951 Richtung Herrsching (unregelmäßig)

Auto A96 Ausfahrt Oberpfaffenhofen oder Inning, über Herrsching nach Erling und links nach Andechs; A95 Starnberg und über Söcking (großer Parkplatz unterhalb des Klosters)

Auch das Essen ist von guter Qualität. Zu empfehlen ist der Steckerlfisch – die mit Kräutern verfeinerte Lachsforelle ist ein Gedicht. Dazu schmeckt das handgedrehte Wurzelbrot. Die Tische sind direkt über dem Spielplatz angebracht, sodass Eltern ihre Kinder im Blick haben.

Der Steckerlfisch ist einer der Renner im Klostergasthof.

35 Klostergasthof und Bräustüberl Andechs

Auch Jutta und Thomas sind durch das schöne Kiental nach Andechs gewandert. Ein bisschen die Landschaft erkunden, am „Gipfel" die Aussicht genießen, kurz etwas trinken und dann wieder abmarschieren. Die waschechte Schwäbin und der gebürtige Pfälzer genießen den Tag im bayerischen Oberland in vollen Zügen.

Besitzer Pater Leonhard

Adresse 82346 Erling-Andechs

Telefon 08152-376261

Web www.andechs.de

Öffnungszeiten Ganzjährig 10–20 Uhr (Schankschluss), 24./25.12, Neujahr und Karfreitag geschlossen

Sitzplätze 2200 SB im Innen- und Außenbereich

Brauerei Kloster Andechs

Maßpreis 5,20 € (Spezial Hell) – 6 € (Doppelbock Dunkel)

Schmankerltipp Obatzda (3,20 €), gegrilltes Wammerl (1,75 € je 100 g), Andechser Hörndl (1,90 € je Stück), Kloster- oder Bauernkäse (2,70 €)

Anfahrt

ÖVM S5 Herrsching und Bus 951 Richtung Starnberg Nord oder S6 Starnberg Nord und Bus 951 Richtung Herrsching (unregelmäßig)

Auto A96 Ausfahrt Oberpfaffenhofen oder Inning, über Herrsching nach Erling und links nach Andechs; A95 Starnberg und über Söcking (großer Parkplatz unterhalb des Klosters)

Massenabfertigung im Bräustüberl

Das Bräustüberl hingegen hat den Charme einer Großkantine. Die Essensausgabe ist perfekt durchorgansisiert und der baumfreie Hof mit riesigen Schirmen überspannt. Bei gefüllter Hauptterrasse erzeugt das Stimmengewirr Münchner Hofbräuhaus-Atmosphäre. Bier und Schweinshaxe gelten als Muster-Kombi, ansonsten ist das Essen abgesehen von Produkten aus der eigenen Metzgerei und Käserei eher Durchschnitt. Am schönsten sitzt man auf der Ostterrasse mit Blick auf Wiesen und Wald, doch die besten Plätze sind sehr schnell besetzt. Bei kühler Witterung kann man sich mitsamt der mitgebrachten Brotzeit und einem der hervorragenden Klosterbiere nach alter Mönchstradition in die schönen Gewölberäume zurückziehen.

Frühlingstriebe am Andechser Kloster

Die Alphornbläser treten nur sporadisch auf.

Im Kiental (klassischer Anstieg von Herrsching), Wanderwege nach Frieding und Pähl

Ammersee-Radweg: München – Weßling (35 km), über Seefeld und Widdersberg nach Andechs (gesamt 52 km)

Eingezäunter Spielplatz mit Schaukel, Rutsche und Wippe

Ammersee Südwestufer bei Aidenried, Schlossweiher bei Pähl

Symposium Kunst und Bier (Juli, www.kunstundbier.de), Blasmusik (unregelmäßig), Orgelkonzerte in der Wallfahrtskirche, www.andechs.de

Gesunde Kost mit Urstoff

Wohlfühloase am Königsweg nach Wessobrunn

Wirtin Christina Grenzebach

Adresse Stillern, 82399 Raisting

Telefon 08809-675 oder -862

Web www.Hof-Biergarten.de

Öffnungszeiten Bei schönem Wetter am Osterwochenende sowie Mai bis September Mi. + Do. ab 17 und Fr.–So. sowie feiertags ab 12 Uhr

Sitzplätze 200 (Salettl: 100)

Brauerei Lammsbräu, Riedenburger

Maßpreis 5 €

Schmankerltipp Gemüsesuppe (3,80 €), Stillerer Kässpatzen mit Eissalat (7,50 €), Nackensteak mit Kartoffelsalat (8,50 €), Saibling-Filet in Buttersoße gebraten (11,50 €)

Anfahrt

ÖVM S5 Herrsching und Dampferfahrt nach Dießen, www.bayerische-seenschifffahrt.de; Regionalzug über Geltendorf oder Weilheim (ab Dießen keine weitere Verbindung)

Auto A96 Ausfahrt Weßling, Inning am Ammersee oder Schondorf und über Herrsching bzw. Dießen nach Raisting; im Ort beschilderter Abzweig

In Grenzebach findet jeder seine individuelle Nische.

Die schöne Lage zwischen bewaldeten Hügeln im Bachtal der Rott und die ökologische Gesinnung der Wirtsleute machen den Grenzebacher Hof-Biergarten zu einer echten Vorzeigeadresse. Oder anders ausgedrückt: Wer ein bisschen Bewegung auf dem Rad oder zu Fuß gerne mit gesundem Essen verbindet, kommt an diesem Biergarten nicht vorbei.

Der Weiler Stillern liegt an der einstigen Römerstraße von Epfach nach Gauting und besteht nur aus fünf Häusern. Auf einen Einwohner kommen in etwa drei Obstbäume und drei Ziegen. Ein Mönch soll im 12. Jahrhundert von seiner Einsiedelei Reisende verköstigt haben, und als ob die Familie Grenzebacher an alte Bräuche anknüpfen wollte, gründete sie vor 15 Jahren diesen herrlichen Biergarten. Reisende gibt es heute auch noch zur Genüge, immerhin führt der König-Ludwig-Radweg hier in Richtung Wessobrunn und Füssen vorbei.

Abhängig von Sommerwetter

Die Schattenseite der Abgeschiedenheit ist die Abhängigkeit vom Wetter. Bei plötzlichem Regen kann man zur Not in das Salettl ausweichen, aber viele Radler müssen zumindest die sieben Kilometer bis Dießen schaffen. Sommerliche Gewitter können im

Olivia zählt mit ihren neun Jahren schon zu den älteren Kindern am Streichelgehege. Mit viel Geduld erklärt sie den anderen, wie man die neugierigen und gefräßigen Ziegen am besten füttert. Und dass man vor den Tieren keine Angst haben müsse, weil sie nicht beißen würden. Olivia freut sich auch über die vielen Bäume und dass es hier keine Autos gibt. Ihre Eltern Claudia und Armin sitzen derweil am Rand des Biergartens und genießen die warme Nachmittagssonne. Da sie am Vormittag noch das Kinderzimmer eingerichtet haben, reicht die Zeit leider nicht mehr zum Baden im Ammersee.

Bachtal und in Ammerseenähe auch mal etwas heftiger ausfallen. Im Juli 2003 entzweite der Blitz in Stillern einen Baum wie die Axt ein poröses Holzstück. Auch die Musikevents im Biergarten sind vom Wetter abhängig: Die Williams Wetsox spielen ihren bayerischen Blues mittwochs nur bei sommerlichen Temperaturen und das beliebte Sonnwendfest findet ebenfalls nur bei akzeptablen Bedingungen statt.

Doch wenn es warm ist, genießt man in Stillern jede Minute. Der Garten ist weitläufig, manche tragen ihre Sitzbank an abgelegene Plätze im frischen Grün. Der Appetit wächst beim Blick auf die Tafeln am Ausschank: Fleisch- und Wurstwaren kommen von der Bio-Metzgerei, dazu gibt es hausgemachte Spezialitäten wie Nackensteak mit Kartoffelsalat, Tellerfleisch mit Bratkartoffeln und Kren oder den Stillerer Bauernsalat. Zum Essen schmeckt ein frisches Öko-Bier von Lammsbräu oder ein Riedenburger Weißbier vom Fass.

Auf der verkehrsarmen Straße geht es von Raising nach Stillern.

Zwischen Dießen und Raisting, Stiller Wald

König-Ludwig-Radweg von Herrsching nach Wessobrunn (ca. 24 km, 19 km bis Stillern); Ammer-Amper-Radweg: Olching – Raisting, Abzweig Stillern (51 km)

Wiesen im Gelände

Ritterburg zum Klettern und Rutschen, Schaukel und Sandkasten, Streichelgehege mit Ziegen und Pferden

Ammersee bei Dießen oder Aidenried

Sonnwendkonzert mit der Gruppe Joy of Jazz und großem Feuer (Sa.), William Wetsox mit Bayrisch Blues (Mi. bei Sommerwetter), diverse Konzerte (Programm siehe Internet)

Jugendstilflair mit Seeblick

Sommerfreuden am Ammersee-Westufer

Ende des 19. Jahrhunderts zogen viele Künstler und wohlhabende Stadtmenschen an das Ammersee-Westufer. Rund um die im Jugendstil erbauten Villen und Landhäuser entstanden prächtige Alleen und Parkanlagen. Die stattlichen Buchen im Park der Alten Villa sind stumme Zeitzeugen einer Epoche, in der sich das elitäre Volk hier eine Nische schaffte. Das dichte Blätterdach spendet reichlich Schatten. Eine echte Wohltat an heißen Sommertagen, zumal auch der nahe Ammersee für Erfrischung sorgt.

Biergarten und Ammersee liegen in Utting nur wenige Meter auseinander.

Die Enkel der einstigen Jugendstil-Generation stehen den Münchner Ausflüglern heute eher skeptisch gegenüber. Als ob sie das malerische Seeufer ein Leben lang für sich gepachtet hätten und die Wasserfläche des Ammersees eine Grenze zum Umland der Landeshauptstadt markieren würde, fühlt man sich eher dem schwäbischen Raum zugehörig. Kein Wunder also, dass wir bei unserem Porträt auf zwei Augsburger stoßen.

Ein Vorzeige-Biergarten im „fernen“ Westen

Im schattigen Biergarten fühlt man sich auf Anhieb wohl. Die Holzbänke sind nicht wie in so vielen Biergärten stereotyp aneinandergereiht, sondern fügen sich durch ihre lockere Anordnung bestens in die Parklandschaft ein. Auch bei regem Andrang herrscht hier keine Enge. Täglich um 18 Uhr wird der Feuergrill mit der heißen Luft eines Buchholzfeuers in Betrieb genommen.

Wirt Holger Pölitz

Adresse Seestr. 32, 86919 Utting

Telefon 08806-534456

Web www.alte-villa-utting.de

Öffnungszeit täglich 11–22.30 Uhr

Plätze 800 SB

Brauerei Kaltenberg

Maßpreis 5,90 €

Schmankerltipp Maiskolben 2,50 €, hausgemachter Obatzda 3,70 €, Gemüsespieß 3 €, halber bayerischer Weide-Hahn 6,10 €

Anfahrt

ÖVM Von München mit der Bahn wahlweise über Geltendorf oder Weilheim nach Utting. Auf dem Ammersee verkehren Schiffe von Herrsching, Stegen und Dießen (www.bayerische-seenschifffahrt.de). Auch die Kombi S5 Herrsching und Schiffstransfer ist möglich.

Auto A96 Richtung Lindau, Ausfahrt Schondorf und auf der Landstraße nach Utting. Kurz vor Ortsbeginn links der Beschilderung zum großen Parkplatz am Campingplatz folgen (ca. 300 m nördlich des Biergartens)

Antje aus Kassel hat nur noch ein Foto übrig, und das soll sie mit ihren beiden sympathischen Augsburger Begleitern verewigen. Gut gelaunt übergibt sie uns ihre Kamera und wartet auf den finalen Auslöser. Wieder eine schöne Erinnerung mehr an das Beisammensein mit ihren Freunden Martin und Benedikt, die einen warmen Sommertag nicht zum ersten Mal in der Alten Villa ausklingen lassen. Sie mögen das Flair am Ostufer des Ammersees und genießen den Abend mit Vorliebe von den Sitzbänken des kleinen Podests, weil von dort die Aussicht auf den Biergarten am besten ist. Nur wenn die Musik spielt, müssen sie sich nach einem anderen Platz umsehen.

Durch diese schonende Grillmethode tropft kein Fett in die Glut, wodurch sich die Poren des Grillguts rasch schließen und der Gemüse- bzw. Meeresfrüchtespieß oder das Fleisch saftig auf den Teller kommen. Eine Spezialität der Alten Villa sind auch die bayerischen Weide-Hähne aus der Region, die sich durch ihren aromatischen Geschmack auszeichnen. Zu Lebzeiten werden die Masthähne artgerecht gehalten, wozu unter anderem gehört, dass sie ihre Futterstellen wechseln und sich in freier Natur bewegen können.

Radparadies am Ammersee

Die Ballonfahrer genießen den Sonnenuntergang über dem Ammersee, während der Biergarten längst im Schatten liegt.

Mangels größerer Steigungen lässt sich der Ausflug zur Alten Villa in Utting gut mit einer Umrundung des Ammersees per Rad verbinden. Mit Ausnahme des Abschnitts zwischen Herrsching und Fischen führt die beschilderte Route meist fernab dem Verkehr über Wiesen, durch Wälder und am Seeufer entlang. Unterwegs genießt man die

herrliche Ruhe. In Dießen findet jedes Jahr zu Christi Himmelfahrt der internationale Töpfermarkt statt, zu dem viele Tausend Besucher strömen und das Kunsthandwerk bewundern. Vielleicht ist es zu der Zeit ja schon warm genug, um Töpfermarkt und Biergartenbesuch zu einem Ausflug zu verknüpfen. Von Dießen ist es am Ostufer bis zur Alten Villa nicht mehr weit, man rollt quasi in den Biergarten und kann sich hier wunderbar entspannen.

Am Ostufer des Ammersees sowohl in Richtung Schondorf/Stegen als auch nach Dießen

Rund um den Ammersee (ca. 46 km); Ammer-Amper-Radweg: Olching – Utting (36 km)

Ammersee mit Liegewiesen und schönen Badestellen

Wiesen im Uferbereich

Spielplatz im schattigen Biergartenbereich

Jazz- und Dixieland-Bands zum Frühschoppen So. und Fei. 11–14 Uhr; Juni bis August Abendprogramm Sa. 19–23 Uhr (nur bei Biergartenwetter); Public Viewing zur Fußball-EM und -WM

Künstlerhaus Gasteiger mit originalen Jugendstilmöbeln und Landschaftsgarten, Eduard-Thöny-Str. 43, Holzhausen, Tel. 08806-699, So. 14–17 Uhr, 3 €

Eingangstor zur Hauptburg

Wie im *Mittelalter*

Ausnahmezustand im Hochsommer

Kritiker bemängeln den Kommerz, Romantiker schwelgen in Nostalgie: Wenn an den Wochenenden im Juli anlässlich der Kaltenberger Ritterspiele der ganz normale Ausnahmezustand herrscht, scheiden sich die Geister. Auch die Ritterschwemme macht ihrem Namen dann alle Ehre – neben den Rittern fühlen sich im oft überfüllten Biergarten auch Barbaren, Handwerker, Gaukler, Musiker und das ganz normale Volk dem süffigen Bier zugesprochen.

Wirt Mahmut Gerzic

Adresse Schlossstraße 11, 82269 Geltendorf

Telefon 08193-7575

Web www.ritterschwemme.de

Öffnungszeiten Mai bis September Di.–So. 11–23 Uhr, Schenke nur sonntags

Sitzplätze 600 SB + 250 G

Brauerei Kaltenberg

Maßpreis 6,40 €

Schmankerltipp Rollbratensemmel (5 €), Radlerpaket kalt: Maß Radler, Schnittlauchbrot, kalter Braten, Bund Radieserl, Essiggurke (10 €), Radlerpaket warm: Maß Radler, Rollbraten mit Kartoffelsalat (10 €), Biergarteng'schichte: Fladenbrot gefüllt mit kaltem Braten, Zwiebeln, Weißkraut, Tomate und Salat (4 €)

Anfahrt

ÖVM S8 Geltendorf, Bus 60 (Richtung Penzing)

Auto A96 Ausfahrt Greifenberg, über Schwabhausen nach Kaltenberg

Auch ohne mittelalterlichen Markt lohnt ein Besuch der Burganlage. Nach Passieren des mächtigen Eingangstors erreicht man nach wenigen Metern die Ritterschwemme. Schräg gegenüber befindet sich ein Innenhof mit der Alten Fasshalle, die für Veranstaltungen gebucht werden kann. Vis-à-vis der Schlossgaststätte ist neben der Brauereiverwaltung ein Teil der König-Ludwig-Schlossbrauerei untergebracht. Im Schloss wohnt die Familie von Luitpold Prinz von Bayern, ein Ururenkel des letzten bayerischen Königs, Ludwig III.

Der Sonntags-Biergarten

Kaltenberg ist ein reiner Ritterspiele- und Sonntags-Biergarten. Bei einer Lufttemperatur von unter 20 Grad kann es selbst an einem Sonntag vorkommen, dass die Schenke nicht öffnet. An Werktagen holt man sich das Bier ohnehin im Restaurant und breitet an den Holzgarnituren mit Blick auf die große Turnierarena seine eigene Brotzeit aus. Oder man holt sich am Stand einen bayerischen Döner bzw. ein „Radlerpaket". Alternativ zieht man in den Wirtsgarten um, der bei schönem Wetter entsprechend gut besucht ist.

Jedes Jahr im Juli liefern sich Ritter in Kaltenberg erbitterte Kämpfe. Am gefürchtetsten ist der „Schwarze Ritter“, der für Glanz und Gloria blutrünstig sein Schwert zieht. Unser Ritter ist zwar schwarz, aber falsch, und seine Stimmung scheint auch nicht auf Gefecht zu stehen. Vielleicht amüsiert er sich gerade über die Französin Marion, die 2008 als Kampf-Prinzessin beim größten Ritterturnier der Welt erstmals in die Männerdomäne eindrang und für Furore sorgte. „Ich liebe es, mit Lanze, Schwert und Schild auf dem Pferd zu reiten!“, soll die schöne Blondine gesagt haben. Vielleicht freut sich unser Ritter auch schon auf die Gauklernacht, in der die Waffen endlich schweigen und in der Arena heitere Unterhaltung geboten wird.

Ritterfestspiele in der Kaltenberger Arena

In den umliegenden Wiesen und Wäldern in Richtung Geltendorf

Rundtour ab Grafrath (S8): Über Moorenweis und Hausen nach Kaltenberg, über Geltendorf und Sankt Ottilien nach Eching am Ammersee, auf dem Ammer-Amper-Radweg nach Grafrath (ca. 32 km)

Burggelände

Kaltenberger Ritterturnier, Tel. 01805-113313, www.ritterturnier.de (10 Tage der ersten vier Juli-WE), MAN-Oldtimer-Traktorentreffen (letztes WE im Mai)

Sankt Ottilien (1,5 km nördlich S-Bahnhof Geltendorf), www.erzabtei.de: Missionsmuseum, Leben fremder Völker und exotischer Tiere, täglich 10–12 und 13–18 Uhr, Eintritt frei; Nähmaschinenmuseum, täglich 10–17 Uhr, So. erst ab 10.30 Uhr, 2 €

Freiraum im *Klosterareal*

Biergarten an barocker Kirche

Fürstenfeld ist der lebende Beweis dafür, dass ein Biergarten auch ohne Kastanienromantik und Tradition aufblühen kann. Die Brucker wissen ganz genau, wann sie im Klosterareal ihre ruhigen Stunden verbringen können und wann ihr Ort der Muße anlässlich diverser Events schier aus allen Nähten platzt. Zu den vier Gartentagen etwa strömten 2008 rekordverdächtige 36 000 Menschen. 2009 lautet das Motto dieser kostenpflichtigen Veranstaltung „Freiraum“, was die Besucher im etwaigen Gedränge womöglich als Ironie verstehen.

Eigentlich wollte Regine ihren Schwiegereltern Katharina und Jakob mal ein ruhiges Plätzchen zeigen. Als Gilchingerin radelt sie mit ihrem Mann Fredi samt den Kindern Paul und Svea oft ins Fürstenfelder, um zwischen den Klostermauern bei einer zünftigen Brotzeit und einem wohlverdienten Bier zu entspannen. Doch zu aller Überraschung ist Töpfermarkt, und da schwappt es die Menschen von den Ständen quasi direkt in den Biergarten hinein. Die Stimmung bleibt trotzdem gut, obwohl die Schlange am Ausschank beträchtliche Züge annimmt, das Loch im Magen langsam größer wird und dann auch noch dieser Frischluft-Verleger um einen kurzen Foto- und Interviewtermin bittet.

Sommerliches Flair in Fürstenfeld

Auch während der Tiermesse, Oltimertage oder bei der Veranstaltung „Fürstenfeld im Licht" müssen die Besucher selbst dann Eintritt bezahlen, wenn sie nur in den Biergarten wollen. Zum Ausgleich erleben sie mit, wie die stattliche Klosterkirche am Abend mit aufwändigen Klang- und Lichtinstallationen in kunstvollem Licht erstrahlt oder ein imposantes Feuerwerk den Himmel erleuchtet. Zum ebenfalls stark frequentierten Töpfermarkt und zu den Naturfototagen ist das Gelände hingegen frei zugänglich.

Bio-Fleisch – bis auf das Hendl

Außerhalb der Veranstaltungstage ist es im Klosterareal oft andächtig still. Am Nachmittag reflektiert die Westfront des ehemaligen Zisterzienserklosters das grelle Sonnenlicht. Dann hilft nur eine Sonnenbrille oder die Flucht unter eine Kastanie im Biergarten. Beim Blick auf das Speiseangebot wird abermals klar, dass man sich hier in keinem gewöhnlichen Biergarten befindet. Einerseits reicht die Biergartenkost nicht an das gehobene Niveau des angrenzenden Restaurants heran, andererseits kommt vom Hendl abgesehen das

39 Fürstenfelder Fürstenfeldbruck

Wirte Uschi und Gerhard Kohlfürst

Adresse Fürstenfeld 15, 82256 Fürstenfeldbruck

Telefon 08141-6665400

Web www.fuerstenfelder.com

Öffnungszeiten Mo.–Do. 17 Uhr, Fr. ab 16, Sa. ab 14, So. + Feiertag ab 11 Uhr

Sitzplätze 500 SB + 160 G

Brauerei Paulaner

Maßpreis 5,40 €

Schmankerltipp Große Breze von der Biobäckerei Winkler 3 €, Obatzda aus gereiftem Demeter Brie und Frischkäse, dazu 2 Scheiben Bauernbrot (5,20 €), Fürstenfelder Currywurst – Bratwurst von der Landfrau mit Pommes (5,80 €), Sonntagsspezial: 2 Stück Weißwürste, 1 kleine Breze und 1 Weißbier 0,5 l (6,50 €)

Anfahrt

ÖVM S8 Fürstenfeldbruck und zu Fuß am Bahngleis entlang nach Fürstenfeld (1 km)

Auto Auto A96 Ausfahrt Inning und B471 (Richtung Dachau), großer Parkplatz am Kloster

Fleisch von der Öko-Metzgerei Landfrau. Der Wurstsalat oder der Obatzde schmecken deshalb besonders gut. An bestimmten Wochentagen erhöhen spezielle Angebote – darunter Garnelenspieße mit Knoblauchbaguette, warm geräucherter Steckerlfisch oder verschiedene Wraps – den Appetit. Zu dem guten Essen schmeckt das Paulaner Helle, das Riedenburger Dunkel oder die Bionade umso besser.

Wandern und Radeln im Ampertal

Das Kloster liegt bereits in den Amperauen, sodass man den Biergartenbesuch ganz bequem mit einem Spaziergang oder einer Radtour verbinden kann. Besonders malerisch ist der Abschnitt am Westufer der Amper über Buchenau nach Schöngeising, als Rückweg bietet sich ab dem Zellhof der Ammer-Amper-Radweg an. Sofern man sich von den Pedalrittern nicht stören lässt, die ob ihrer Bewegungsfreiheit locker den Ammersee erreichen.

Impressionen vom Töpfermarkt zwischen Klosterkirche und Biergarten

Naturschutzgebiet Amperauen

Ammer-Amper-Radweg: Olching – Fürstenfeld (11 km)

Eingezäunter Spielplatz auf der Obstwiese mit Sandkasten zwei Schaukeln, einem Kletterhaus, einer Wippe und zwei Schaukeltieren

Spielwiesen (sofern keine Veranstaltung)

Amperoase, Klosterstraße 7, Tel. 08141-31280, Freibad mit Riesenrutsche Mitte Mai bis Mitte September bis 20 Uhr, 4 € (Kinder 2,50 €), www.amperoase.de

Zwischen Mai und Anfang September ca. 10 Termine mit Livemusik (Programm siehe Internet); ferner im Klostergelände u.a. große Tiermesse (Mai), Gartentage (Pfingsten), Töpfermarkt (August); Oldtimertage (September); Theater, Konzerte und Tanz, www.fuerstenfeld.de

Stadtmuseum im Kloster Fürstenfeld, Tel. 08141-44046, Di.–Sa. 13–17, So. 11–17 Uhr, 4 €

Am ehemaligen *Dampfersteg*

Schöne Lage an der Amper

Im Jahr 1880 fuhren die Münchner mit dem Dampfzug nach Grafrath, um dort in den Ausflugsdampfer nach Stegen am Ammersee umzusteigen. 59 Jahre später musste der Dampfer seinen Betrieb einstellen: Der immense Kohlenverbrauch war zu unrentabel und die Konkurrenz durch die Bahnlinie nach Herrsching zu groß geworden. Die Einkehr hat zur Freude der Ausflügler überlebt, und statt Dampfern treiben heute halt Schlauchboote und Kajaks auf der Amper.

Vom Biergarten bis zum Anlegesteg mit der kleinen Liegewiese sind es nur wenige Schritte. Bei schönem Sommerwetter herrscht auf dem Wasser reges Treiben, vor allem Jugendliche und Familien haben weithin hörbar ihren Spaß. Auch Baden ist möglich, sofern man als geübter Schwimmer mit der Strömung zurande kommt.

Ausflug mit dem Schlauchboot

Eigentlich braucht man außer einem Boot nur noch einen Chauffeur, der einen am verabredeten Zielort wieder abholt, und los geht die Fahrt durch die teilweise unberührte Flusslandschaft. Die Abschnitte von Stegen durch das Naturschutzgebiet Ampermoos nach Grafrath und von Schöngeising durch die Amperauen nach Fürstenfeldbruck sind von März bis 15. Juli allerdings nicht passierbar, da zu dieser Zeit der Flussregenpfeifer und viele andere Vögel brüten. Außerhalb dieser Zonen liegt die etwa eineinhalb Stunden lange Strecke von Grafrath nach Schöngeising. Die Strömung ist hier etwas stärker als in den Naturschutzgebieten mit ihren sogenannten Zahmwassern. Von Fürstenfeldbruck lässt sich die Fahrt noch bis Emmering oder Olching ausdehnen.

Bootsfahrten auf der Amper und Steckerlfisch liegen im Dampfschiff eng beieinander.

Wirtin Maria Anna Braun

Adresse Graf-Rasso-Str. 40, 82284 Grafrath

Telefon 08144-1314

Web www.dampfschiff.com

Öffnungszeiten Mai bis September täglich 16–23 Uhr, Sa. + So. bereits ab 11 Uhr

Sitzplätze 250 SB + 150 G

Brauerei Augustiner

Maßpreis 5,60 €

Schmankerltipp Obatzda (3,50 €), Rollbraten mit Beilage (5,50 €), Spareribs (7,50 €), Steckerlfisch (9 €)

Anfahrt

ÖVM S8 Grafrath, Bahnhofstraße abwärts und rechts in die Graf-Rasso-Straße

Auto A96 Ausfahrt Inning am Ammersee, B471 nach Grafrath (Richtung Fürstenfeldbruck)

An der Amper Richtung Schöngeising

Ammer-Amper Radweg von Olching (22 km) mit Weiterfahrt nach Eching am Ammersee (7 km)

Einsehbarer kleiner Spielplatz mit Rutsche, Schaukel und Sandkasten

In der Amper

Bauernhofmuseum Jexhof, Schöngeising (ca. 5 km östlich von Grafrath), Tel. 08153-93250, 3 €, www.jexhof.de

Jazz-Frühschoppen mit Livebands (Oldies und Countrymusik, jeden So. ab 11 Uhr)

Der Bassist Alexander wirkt beim Bühnenaufbau noch etwas müde, schließlich hatte er mit seinen Bandkollegen Hias (Gitarre), Math (Piano) und Korby (Schlagzeug) am Vortag noch einen Auftritt bei einer Hochzeit in Niederbayern. Die vier Musiker nennen sich Top 5. Da sich der Ansturm im Biergarten noch in Grenzen hält, fällt der zeitliche Verzug nicht ins Gewicht. Die Ochlinger Band wechselt sich sonntags mit anderen lokalen Livebands ab, sofern das Wetter mitspielt, sieht man sie im Schnitt jede dritte Woche. Passend zu Frühschoppen und Biergartenambiente beginnt der Auftritt mit schnulzigen Oldies. Den fetzigen Rock'n Roll hebt sich die eingespielte „RoadCrew" für später oder für etwaige Burschenfeste auf.

Nachschub bei *Grünlicht*

Biergarten mit Tradition und Ampel

Deutschlands berühmteste Stau-Ampel stand einst in Etterschlag. Auf dem Weg von München nach Lindau stockte dort der Verkehr in einem Nadelöhr. Das Stauproblem hat sich mit dem Ausbau der A96 längst gelöst, aber die Ampel gibt es immer noch. Sie steht zwischen Schänke und Grill im Etterschlager Biergarten und zeigt dem Besucher bei Grünlicht an, dass er nach einem etwaigen Engpass wieder frisches Grillgut bestellen kann.

Hausgemachte Biergartenkost

Der Renner in Etterschlag sind die Spareribs, drei von vier Gästen verlangen im Durchschnitt nach ihnen. Kein Wunder also, dass die Griller-Ampel bei großem Andrang zwischendurch auch mal auf Rot steht. Dabei hätten auch die anderen hausgemachten Speisen eine große Nachfrage verdient. Die Wirtsleute achten darauf, zu den herkömmlichen Klassikern die eine oder andere Abwechslung zu bieten. So stehen auch mal Gerichte wie Schupfnudelpfanne, Fisch in Folie, Folienkartoffel mit Knoblauchcreme oder Chicken Wings mit Chilisoße zur Wahl. Bei dem Genuss fällt nicht ins

Eine Biergartensaison ohne Spareribs im Alten Wirt ist für Wolfgang wie eine Nudelochs-Suppe ohne Salz und Pfeffer. Mit den ersten warmen Tagen im Jahr wächst die Vorfreude auf seine Leibspeise, die nirgends so gut schmeckt wie in Etterschlag. Also radelt er von Steinebach die wenigen Kilometer bis in den Biergarten und holt sich zu den Spareribs eine große Breze und eine Maß Bier. Auch zu anderen Anlässen schaut er gerne im Alten Wirt vorbei, zum Beispiel wenn zur Fußball-EM oder -WM Public Viewing angesagt ist. Oder wenn er beim Sägewettbewerb seine Geschicklichkeit mit einem Podestplatz krönen kann. Am neu ins Leben gerufenen Etterschlager Vatertags-Triathlon hat er allerdings noch nicht teilgenommen. Einstweilen genügt ihm sein ganz persönlicher Triathlon aus einem Bad im Wörthsee, einer Radeinheit im Fünfseenland und den Super-Spareribs.

Noch steht die Ampel auf Rot.

Schwungvoll in den Biergarten ...

Wirte Familie Paintmeier

Adresse Inninger Str. 6, 82237 Etterschlag

Telefon 08153-8282

Web www.alter-wirt-etterschlag.de

Öffnungszeiten Mo.–Fr. ab 17, Sa. ab 14 und So. ab 12 Uhr, ab März in Bereitschaft

Sitzplätze 450 SB + 100 G

Brauerei Kaltenberg

Maßpreis 5,60 €

Schmankerltipp Hausgemachter Obatzda (2,50 €), Radi (3,50 €), Knödelsalat (3,50 €), Spareribs (8 €)

Anfahrt

ÖVM S5 Neugilching, Bus 952 (Richtung Inning am Ammersee); S5 Steinebach, Bus 953 (Richtung Hechendorf)

Auto A96 Ausfahrt Wörthsee, am Verkehrskreisel rechts in den Ort

Gewicht, dass eine von neun Kastanien morsch war und inzwischen zugunsten einer Laterne ausgetauscht wurde.

Väter beim Triathlon

Wie man Feste feiert, weiß man in Etterschlag ebenfalls. Ein Saisonhöhepunkt ist der erst 2008 ins Leben gerufene Vatertags-Triathlon, zu dem man sich erst am Veranstaltungstag anmeldet. Nach einem Weißwurst-

frühschoppen geht es mit den Disziplinen Wettsägen, Armdrücken und Maßkrugstemmen ordentlich zur Sache. Der Gewinner erhält neben Ruhm und Ehre einen Biergarten-Gutschein.

Mit dem Rad um den Wörthsee

Abendstimmung am Wörthsee

Von Etterschlag ist der Wörthsee nur gut zwei Kilometer entfernt. Wie so oft ist das Fahrrad das beste Fortbewegungsmittel, weil man auf diese Weise bequem um den See radeln und sich die schönsten Badestellen aussuchen kann. Die Zwei-Seen-Rundtour im Dreieck Weßling, Schlagenhofen und Etterschlag ist nur 15 Kilometer lang, wer mit der S-Bahn bis Steinebach fährt, spart nochmals vier Kilometer. Dabei umrundet man den Wörthsee ab Steinebach bis Walchstadt im Uhrzeigersinn und zweigt dort nach Etterschlag ab; zurück geht es auf dem Radweg entlang des Schluifelder Mooses zur Straße nach Weßling.

Mit dem Tretboot auf dem Wörthsee unterwegs

Rad-Ankunft in Breitbrunn am Ammersee, das nur knapp drei Kilometer von Schlagenhofen am Wörthsee entfernt ist.

Naturschutzgebiet Schluifelder Moos, Wörthsee bei Steinebach und Westufer

Ammersee-Radweg von München nach Etterschlag (40 km); Ammer-Amper Radweg von Olching nach Eching und auf dem Ammersee-Radweg nach Etterschlag (37 km)

Eingezäunter Spielplatz mit Schaukel, Rutsche, Wippe und Sandkasten

Wörthsee bei Steinebach oder am Südufer

Sportschiffahrtsschule Wörthsee, Peter Hopmann, Seestr. 61–63, Wörthsee, Tel. 08153-7650, Ruder-, Tret- sowie Elektro- oder Segelboote ab 6 € je Std., www.sspw.de

Bauernhofmuseum Jexhof, Schöngeising (ca. 5 km nördlich von Etterschlag), Tel. 08153-93250, 3 €, www.jexhof.de

Tanz in den Mai mit Maibaumaufstellen, Etterschlager Vatertags-Triathlon mit Liveband, Weinfest mit Musik (August), Public Viewing zur Fußball-EM und -WM, Bauernbühne (Programm 1. Sa. nach Ostern bis Muttertag bzw. ab Ende Oktober)

„D'Woch fangt scho guat o"

In der Heimat des berüchtigten Räubers

Wirt Harry Faul

Adresse Hauptstr. 24, 82216 Maisach

Telefon 08141-94210

Web www.wirtshaus-maisach.de

Öffnungszeiten Ende April–Ende September Mo.–Fr. 16–23, Sa. + So. 11–23 Uhr, außerhalb der Saison ab 22 Grad

Sitzplätze 350 SB + 60 G

Brauerei Brauerei Maisach

Maßpreis 5,80 €

Schmankerltipp Romadour mit Brot (4,50 €), hausgemachte Bratensülze (5,50 €), Käsegriller mit Kartoffelsalat (6 €), Schweinebraten mit Kartoffelsalat (7 €)

Anfahrt

ÖVM S4 Maisach und zu Fuß auf die Hauptstraße

Auto A8 Ausfahrt Fürstenfeldbruck, B471 bis Abzweig Maising bei Esting

„Endlich ein Film über den Räuber Kneißl!", jubelten die Stammgäste des Maisinger Bräustüberls im August 2008, als die Geschichte des Raubmörders und Obergauners von Marcus H. Rosenmüller in den Kinos anlief. Immerhin ist der Biergarten nach dem bekannten Gauner benannt und auch das Museum im Kellergewölbe der Wirtschaft beschäftigt sich mit dessen Werdegang. Beim einfachen Volk war der Kneißl Hias stets beliebt, kämpfte er doch auf Leben und Tod gegen das Unrecht der kleinen Leute.

„D'Woch fangt scho guat o", waren seine letzten Worte, und der Wirt hofft natürlich, dass sich möglichst viele Besucher dieses Motto zueigen machen und deshalb nach Maisach in den Biergarten strömen. „An Kneißl Hias sei Henkersmahlzeit" – Schweinebraten vom Hals mit Kruste, Dunkelbiersoße, Kartoffelknödel und hausgemachtem Krautsalat – bereitet Harry Faul jedoch nur im Restaurant zu.

Seit gut zehn Jahren radeln Martina und Hermann bereits nach Maisach in den beschaulichen Dorfbiergarten. An diesem nur mäßig warmen Sonntag visieren sie zielstrebig die einzige von der Sonne beschienene Bierbank im Eingangsbereich an und breiten auf der Tischdecke ihre frischen Spareribs aus. Dazu gibt es eine Breze und Cocktailtomaten. Meist bringen sie ihre eigene Brotzeit von zuhause mit und genießen unbeschwert das süffige Bier. Zur Standardausrüstung gehören die bayerischen Biergartendeckel mit der Aufschrift „Wir müssen draußen bleiben" zum Schutz gegen lästige Insekten. Wenn es richtig heiß ist, kommen sie lieber unter der Woche, um dem Rummel auszuweichen.

Bier von der eigenen Brauerei

Die Essenauswahl im Biergarten ist zwar überschaubar, dafür sind alle Speisen – auch der Kartoffelsalat! – hausgemacht. Das wichtigste Argument für den Besuch ist ohnehin das frisch gebraute Hausbier. Also holt man sich an der Schenke ein Räuber-Kneissl-Dunkel, naturtrübes Kellerbier oder eine Maisacher Perle und sucht sich einen schönen Platz unter den Kastanien. Nach der Erweiterung des einsehbaren Spielplatzes gehören auch Familien mit kleinen Kindern zum Stammpublikum. Gut, dass man in heutigen Zeiten vor Taschendieben relativ sicher sein kann, ein entsprechendes Warnschild hat nur musealen Charakter.

Biergarten und Museumsbesuch bedeuten in Maisach keinen Widerspruch.

Wanderroute zum Olchinger See (8,5 km) ab Ortsausfahrt Ost; zur Moosalm bei Gernlinden

Ammer-Amper-Radweg: Grafrath – Fürstenfeldbruck, Abzweig Amper-Glonn-Radweg nach Maisach (17 km)

Kleiner Spielplatz mit zwei Schaukeln, Rutsche und Sandkasten

Liegewiese und Sandstrand am Pucher See (ca. 5 km Richtung Fürstenfeldbruck)

Räuber-Kneissl-Museum im Keller des Bräustüberls, freier Eintritt während der Öffnungszeiten

Jeden 2. Fr. im Monat ab 19 Uhr Zithermusik, So. diverse Musikgruppen (z. B. Andechser Bergbuam, Elvis-Show); Public Viewing zur Fußball-WM und -EM

Treffpunkt der *Pilger*

Heilwasser im Dachauer Hinterland

Kaltwasserduschen und strenge Diät lindern das Leid. Nach diesem Grundsatz hat einst die verehrte Wunderdoktorin Amalie Hohenester einen Baron von Rothschild oder die berühmte Sissi erfolgreich kuriert. Die Kaiserin von Österreich bedankte sich nach ihrer Heilung mit zwei Glasgemälden, die in die Wallfahrtskapelle Mariä Verkündigung eingesetzt wurden. Im nahen Biergarten trinken die Ausflügler statt Heilwasser ein frisches Fischersbräu gegen etwaige Zipperlein und die Diät wird allenfalls auf später verschoben.

Die Heilige Maria spendet Kranken und Behinderten in Mariabrunn nicht nur täglich Trost, sondern auch eisenhaltiges Wasser zur Linderung deren Pein. Durch Pumpen schöpfen die Pilger das Heilwasser aus der efeuumrankten Quelle, die nach gründlicher Analyse und einer eidesstattlichen Erklärung in Holz gefasst wurde. Entdeckt hat sie der Holzfäller Georg Schleierböck beim Schlagen eines Baumes im Jahr 1662. Er trank das Wasser, das aus einer Wurzel hervorsprudelte, zu seiner täglichen Brotzeit und bemerkte, dass sich dadurch auf wundersame Weise seine Magen- und Darmleiden in Wohlgefallen auflösten. Auch Kopfschmerzen, Nierenleiden, Blasenentzündungen und andere Krankheiten soll die Urkraft der Quelle lindern.

Obwohl der Biergarten seine Schattenseiten hat, zählt er zu den Topadressen im Münchner Norden. In Kombination mit einer Rad- oder Wandertour im hügeligen Dachauer Hinterland ist Mariabrunn nicht nur für Pilger einen Ausflug wert.

Schwankende Qualität

Leider ist die perfekte Lage des Biergartens den Betreibern etwas zu Kopf gestiegen. Die einst hervorragende Küche der Schlosswirtschaft hat darunter ebenso gelitten wie die Essensqualität im Biergarten. Die Einkehr wirbt mit frischem Grillhendl, doch je nach Tagesform wird dem verdutzten Gast trockenes Fleisch mit fader Pergamenthaut aufgetischt. Immerhin wechselt das Angebot täglich, die Chancen auf ein frisches Tagesgericht aus der Küche stehen vor

Mariabrunn von seiner schönsten Seite

43 Schlossgaststätte Mariabrunn Röhrmoos

allem bei schönem Sommerwetter nicht schlecht. Die Kombination aus Breze und Käse birgt auch kein Risiko. Außerdem bleibt ja auch noch die eigene mitgebrachte Brotzeit. Man sitzt wunderschön auf Holzbänken unter alten Kastanien. Wenn es die Einflugschneise in Richtung Franz-Joseph-Strauß-Airport nicht gäbe, herrschte im Biergarten himmlische Ruhe.

Durch das Bründlholz nach Mariabrunn

Wallfahrtskapelle zwischen den Blumen

Nur eine kleine Zufahrtsstraße führt zu den ehemaligen Schlossgebäuden nach Mariabrunn. Erfreulicherweise sind hier meist mehr Radfahrer und Fußgänger anzutreffen als Autos. Mangels Busse sei den Benutzern öffentlicher Verkehrsmittel der Anmarsch vom S-Bahnhof Röhrmoos nach Mariabrunn empfohlen. Nach kurzer Wegstrecke zum südlichen Ortsrand stößt man am Lotzbach auf den beschilderten Rad- und Wanderweg durch das schöne Bründlholz. An den Waldlichtungen erfreut man sich je nach Jahreszeit an der blühenden Flora. In Mariabrunn sollte man am Biergarten vorbei unbedingt die wenigen Höhenmeter bis zum Aussichtshügel zurücklegen, um hinter der Dorfkirche von Ampermoching bei entsprechender Fernsicht München mit dem Olympiaturm und die Alpenkette bewundern zu können.

Pächter Öttl und Radlmayr GmbH

Adresse Gut Mariabrunn 3, 85244 Röhrmoos

Telefon 08139-8661

Web www.schlosswirtschaft-mariabrunn.de

Öffnungszeiten Mai bis September bei schönem Wetter täglich ab 12 Uhr

Sitzplätze 800 SB + 50 G

Brauerei Fischer's Stiftungsbräu, Mariabrunner Dunkel

Maßpreis 6 €

Schmankerltipp Gemischte Salatschüssel mit Balsamico-Dressing (3,50 €), aufgeschnittener Emmentaler (4,90 €), geräucherte Forelle mit Meerrettich und Butter (5,80 €), Rahmschwammerl mit Semmelknödel (6,50 €)

Anfahrt

ÖVM S2 Herbertshausen oder Röhrmoos und je 4 km zu Fuß oder per Rad

Auto A8 Ausfahrt Dachau oder A99 Ausfahrt Karlsfeld, von Dachau-Nord über Ampermoching Richtung Röhrmoos, beschilderter Abzweig; A92 Ausfahrt Lohhof, über Heimhausen, Amperpettenbach und Lotzbach nach Mariabrunn

Spaziergang zum Aussichtspunkt bei Ampermoching und von Röhrmoos nach Mariabrunn durch das Bründlholz

Bründlholz zwischen Röhrmoos und Mariabrunn, Richtung Ampermoching mit Ampertal und Sietenbach

Würm-Radweg: Pasing – Dachau, Abzweig Ampermoching/Mariabrunn (25 km); Ammer-Amper-Radweg: Olching – Ampermoching, Abzweig Mariabrunn (20 km)

Großzügiges Spielterrain unter schattigen Bäumen

Weiher im Ampertal, ca. 3 km östlich von Ampermoching am Ammer-Amper-Radweg

Zum *Ursprung* des Bieres

Über den Dächern der Domstadt

Im Jahr 1040 besiegt Herzog Bretislav I. von Böhmen am Neumarker Pass das kaiserliche Heer Heinrichs III., die Gottesfriedensbewegung verkündet in Frankreich den „Pax Dei“ und – für Biergartenfreunde die wichtigste Botschaft! – in Freising wird die heute älteste noch bestehende Brauerei der Welt gegründet. Unter dem Gütesiegel „Premium Bavaricum“ vertreibt der Weihenstephaner Betrieb seine Biere in 35 Länder der Welt. Ein begeisterter Abnehmer ist zum Beispiel China. Groß ist der Rummel, wenn die „Miss Shanghai Oktoberfest“ im Rahmen ihrer Traumreise durch Bayern in Freising vorbeischaut.

Auch an nur mäßig warmen Sommertagen füllt sich der Biergarten.

Vor allem Firmen und Reisegesellschaften verbinden den Bräustüberl-Besuch in Weihenstephan mit einer Besichtigung der historischen Brauerei. Für die Studenten der Brauereitechnologie von der benachbarten Universität sind Biergarten und Brauerei hingegen nur einen Steinwurf entfernt. Im Akademiehof findet im August bei gutem Wetter das Weihenstephaner Bergfest statt.

Ladina aus St. Gallen ist zum ersten Mal in München und Freising zu Besuch. Da ihre Cousine Patrizia in der Weihenstephaner Universität Kunstgeschichte studiert hat und seit zehn Jahren in der Domstadt wohnt, liegt der Abstecher ins Bräustüberl nahe. In bester Ausflugslaune verzehren die Cousinen den Obatzden, dazu gibt es eine Russenhalbe. Ladina, ansonsten allenfalls Weintrinkerin, kündigt begeistert an, dass dies bestimmt nicht ihr letztes Bier in Weihenstephan gewesen sei. Am Nachmittag ist der obligate Stadtrundgang angesagt. Bestimmt deckt die belesene Patrizia, die bereits in Spanien und am Lago Maggiore gelebt hat und eines Tages nach Italien zurückkehren will, viele kunsthistorische Hintergründe auf.

Rundgang durch Freising

Die 1300 Jahre alte Domstadt Freising und der berühmte Weihenstephaner Berg lassen sich am besten auf dem Wander- und Radweg „Kultur und Natur" erschließen. Die Route beginnt am Bahnhof und führt von der Altstadt auf den Domberg. Die Domkrypta und der Kreuzgang haben im Sommer nur zwischen 14 und 18 Uhr geöffnet. Durch das alte Osttor geht es auf der Luckengasse den Berg in das Zentrum zum Marienplatz hinab. Hinter dem Wohnviertel Wörth beginnt der Anstieg auf den Weihenstephaner Berg. Kurz vor der Bergkuppe lohnt der Abstecher in den Oberdieck-Themengarten, der in Duft-, Tast- und Aromasegmente unterteilt ist. Von hier sind es nur noch wenige Schritte bis in den Biergarten. Wer den Rundweg nach der Einkehr noch um die ganze Stadt herum zu Fuß fortsetzen will, sollte zwei bis drei Stunden einplanen.

Wirt Thierry Willems

Adresse Weihenstephaner Berg 10, 85354 Freising

Telefon 08161-13004

Web www.braeustueberl-weihenstephan.de

Öffnungszeiten Täglich 10–0 Uhr, auch an sonnigen und warmen Wintertagen

Sitzplätze 550 SB + 185 G (Terrasse und Salettl)

Brauerei Weihenstephan

Maßpreis 5,60 €

Schmankerltipp 1 Paar Schnapswürstl (2 €), Schweinerollbraten (4,80 €), Bräustüberl's original Obatzda klassisch (4,70 €), Spareribs mit Barbequesoße (kleine Portion 5,50 €, große Portion 9 €)

Anfahrt

ÖVM Bahn oder S1 Freising, Bus 638 Richtung Hittostraße oder zu Fuß (ca. 20 Min.)

Auto A9 Autobahnkreuz Neufahrn, A92 Ausfahrt Freising Mitte, vor dem Zentrum Abzweig Vöttinger Straße zum Weihenstephaner Berg

Am Geburtsort des Obatzden

Der Altstadtbesuch gehört in Freising zum Muss.

Die Aussicht auf die Altstadt von Freising ist vom Biergarten leider versperrt. Dafür genießt man den Blick in das Hinterland und die angenehme Atmosphäre im Biergarten. Ein Ort der Gemütlichkeit und der Weltoffenheit, an dem vor allem Spareribs, Haxen und der Schweinebraten gefragt sind. Und als Klassiker der Obatzde, der in Weihenstephan nachweislich seinen Ursprung hat. Denn die ehemalige Wirtin Katharina Eisenreich hatte im Jahr 1958 als Erste die Idee, ihre Frühschoppen- und Brotzeitgäste zur Schafkopfrunde mit einer Portion „Angebatzter" zu verwöhnen.

Wanderweg Kultur- und Natur durch Freising (Plan in der Touristeninformation, Marienplatz 7, Tel. 08161-54122); Isartal (z.B. Dammweg)

Isarradweg ab München Ludwigsbrücke (ca. 38 km)

Vöttinger Weiher und Stoibermühlsee mit Surfgelegenheit

Dommuseum Freising, Domberg 21, Tel. 08161-48790, täglich außer Mo. 10–17 Uhr, 4 €, www.dombergmuseun-freising.de; Stadtmuseum Freising, Marienplatz 7 (Asamgebäude), Tel. -54321, Mi.–So. 13–17 Uhr, erster Do. im Monat 18–20 Uhr; Brauereimuseum Weihenstephan, Alte Akademie 2, Tel. -5360, nur unter Führung Mo.–Mi. 10 Uhr, Di. auch 13.30 Uhr, 6 €, www.brauerei-weihenstephan.de

1. Mai und Vatertag Livemusik (Programm siehe Internet), Weihenstephaner Bergfest (August)

Zutaten: 1 kg Brie, 70 g Butter, 150 g Frischkäse, 120 g Zwiebeln, 5 g Paprikagewürz, Prise Kümmel (gemahlen), Prise Salz/Pfeffer, 10 cl Weihenstephaner Vitus Weizenbock oder Weihenstephaner Weißbier

Verarbeitung: Brie zu einer Masse drücken, Butter, Frischkäse, Zwiebeln, Bier und Paprikagewürz hinzugeben, die Mischung mit Salz, Pfeffer und Kümmel abschmecken. Den fertigen Obatzden idealerweise mit einem Eisportionierer auf ein Brotzeitbrett geben. Als Garnitur geeignet: Rote Zwiebeln, Schnittlauch, Salatbouquet, Salzstangen.

Bräustüberl-Tipp: Paprikagewürz durch 80 g gehackten Bärlauch und 60g gehackte Petersilie für die Farbgebung ersetzten – fertig ist der Bärlauch-Obatzde!

Waldidylle mit Ausrufezeichen

Eine Institution in ehemaliger Obstplantage

Wenn die Schützenscheiben in der Gaststube reden könnten, wüssten sie bestimmt witzige Anekdoten über die kurfürstlichen Jäger zu erzählen, die hier vor rund 125 Jahren einkehrten und sich nach der Jagd von Freisinger Mönchen das Weihenstephaner Bier ausschenken ließen. Von der Obstplantage, die der wuchernde Wald nach deren Aufgabe eroberte, ist nur noch der Name geblieben. Zweifellos bietet die Plantage! den schönsten Waldbiergarten weit und breit.

Am besten ist die Stimmung an einem lauen Sommerabend oder zum sonntäglichen Frühschoppen, bei dem sich die Getränkepreise jedoch um einen Euro erhöhen. Zu den typischen bayerischen Schmankerln gibt es täglich wechselnde Mittagsgerichte, eine große Salatauswahl und zuweilen vegetarische Kost. Viele Studenten sind hier Stammgast, die sich nicht nur über den kosten losen Internetzugang freuen. Außerdem kommen viele Ausflügler und Familien, da die Kinder im Biergarten und angrenzenden Wald unzählige Möglichkeiten zum Spielen finden. Den Freisinger Bären hat der Wirt übrigens selbst mit der Motorsäge geschnitzt.

Kurzweiliger Waldlehrpfad

Direkt am Biergarten beginnt der zwei Kilometer lange Waldlehrpfad, der gleichermaßen Spiel- und Erlebnischarakter hat und das Naturbewusstsein schärft. Jung und Alt entdecken

Fernanda ist auch ohne Sambaklänge voll in ihrem Element. Gut gelaunt hält die Halb-Brasilianerin ihre temperamentvolle Tochter Alicia im Zaum. Durch den Mix an Sprachwurzeln wird das Mädchen bald fließend Deutsch, Portugiesisch, Englisch und Bayerisch sprechen. Fernandas Ehemann Eduardo ist Portugiese, ihre Mama Angelika Brasilianerin und ihr Papa Felix Deutscher. Felix hatte Angelika während seines 13-jährigen Brasilien-Aufenthalts kennen gelernt. Mit von der sonntäglichen Ausflugspartie, die zuvor durch den nahen Waldlehrpfad geführt hat, ist auch Fernandas deutsche Freundin Corinna; sie hat ihre Tochter nach der Sängerin Aaliyah benannt.

Leben in der abgestorbenen Eiche, irren durch das dichte Waldlabyrinth, kommunizieren mit dem Waldtelefon, balancieren auf dem Schwebebalken, spazieren barfuß über Moos und Hölzer, schaffen kleine Kunstwerke aus Naturmaterialien, sind den Waldtieren auf der Spur und vollziehen den Kreislauf des Wassers im Wald nach. In diesem Waldidyll vergeht die Zeit wie im Fluge.

Wirt Rochus Möchel

Adresse Plantage 2, 85354 Freising

Telefon 08161-63155

Web www.plantage-freising.de

Öffnungszeiten März bis Oktober täglich ab 10 Uhr

Sitzplätze 1200 SB

Brauerei Weihenstephan

Maßpreis 6 €

Schmankerltipp Gemüsestrudel mit Schnittlauchsoße (3,90 €), 1/2 Grillhendl (4,90 €), Schweinekrustenbraten mit Knödel und Kraut (7,50 €), Fisch vom Holzkohlegrill (Forelle 2,20 € je 100 g, Lachs 2,40 € je 100 g)

Anfahrt

ÖVM Bahn oder S1 Freising, Bus 620/621 Halt Kleine Wies und 10 Min. zu Fuß

Auto A9 Autobahnkreuz Neufahrn, A92 Ausfahrt Freising Mitte, ab Zentrum Straße Richtung Haindlfing, Abzweig Richtung Sportpark und Plantage!

Freisinger Forst

Isarradweg ab München Ludwigsbrücke (ca. 38 km), vom Freisinger Zentrum ca. 4 km Richtung Haindlfing

Walderlebnispfad Freisinger Forst (2 km), Spielplatz mit Sandkasten und Schaukel, Elektroautos

Bolzplatz, Tischtennisplatte

Frühschoppen mit Live-Musik bei gutem Wetter (So. ab 12 Uhr), Flohmarkt (April bis Oktober jeden 2. und 3. Sa. im Monat 13–17 Uhr), Public Viewing zur Fußball-EM und -WM

Der Freisinger Bär wurde von Wirt Rochus Möchel selbst geschnitzt.

Magnetfeld zwischen Bäumen

Vorzeige-Biergarten im Ampertal

„Der Haager Biergarten is da scheenste in ganz Bayern“, jubelt ein gewisser Thomas im Gästebuch der Schlossallee-Website. Alex berichtet, dass seine Familie nach dem bevorstehenden Abschied aus Europa abgesehen von der Schlossallee nicht viel vermissen wird: seine Frau die Brezen und den Obatzden vom Bäcker Weiß und seine Töchter die vielen Spielmöglichkeiten. Nur Hans moniert, dass die Maß Bier statt fünf Euro wie im Video inzwischen sechs Euro kosten würde. Aber was ist eine Preiserhöhung schon gegen dieses privilegierte Fleckchen Erde, an dem es – wissenschaftlich nachgewiesen! – aufgrund von positiven Magnetfeldern zwischen den geneigten Bäumen so friedlich zugeht.

Treffpunkt Stammtisch an einem Sonntagnachmittag im August. Der Seniorchef Hermann Hofmaier ist mit seinen Söhnen Hansi und Reinhard schon zugegen, als Franz mit einer Makrele von der Fischzucht Gumberger eintrifft. Der Zollinger schaut sonntags gern zu einer Brotzeit vorbei. Minuten später treffen seine Freunde ein und das Stimmengewirr am Stammtisch wächst. Noch zünftiger geht es zu, wenn das Biergarten-Treffen von Weihenstephan in die Haager Schlossallee verlegt wird und sich die Direktoren von rund 300 Brauereien zu einem Meinungsaustausch versammeln.

Die friedliche Atmosphäre ist in der Schlossallee auf Anhieb greifbar. Allein die großgewachsenen Kastanien lassen jedes Biergartenherz höher schlagen. Das Laub ist hier im Gegensatz zu anderen Biergärten auch im Spätsommer noch grün, da die gefürchtete Rosskastanienminiermotte durch die jährliche Entsorgung von rund 130 Kubikmeter Laub nicht viel Unheil anrichten kann. Im Garten steht auch jene knorrige, 400 Jahre alte Eiche, die den Studenten als Forschungsobjekt dient.

Wirte Familie Hofmaier	
Adresse Freisinger Str. 1, 85410 Haag	
Telefon 08167-350	
Web www.biergarten-haag.de	
Öffnungszeiten Ostern bis Oktober Mo.–Fr. 14–23, Sa. + So. 11–23 Uhr	
Sitzplätze 3200 SB	
Brauerei Hofbrauhaus Freising	
Maßpreis 6 €	
Schmankerltipp Lachssemmel (2,50 €), Pizza Hawaii (6 €), Sommersalat mit Scampispieß (6,50 €), Steckerfisch vom Holzkohlegrill (Makrele je 100 g 1,90 €, Forelle je 100 g 2,20 €)	
Anfahrt	
ÖVM Bahn oder S1 Freising und Bus 603	
Auto A9 Autobahnkreuz Neufahrn, A92 Ausfahrt Freising Ost, B11 Langenbach und links ab nach Haag	

Bahnhof Schlossallee

Die Schlossallee verfügt sogar über einen eigenen Bahnhof. Allerdings setzt sich die historische Dampflok von Freising nur zu besonderen Anlässen wie im April 2009 zur 100-Jahres-Feier der Hallertauer Bockerlbahn, die auch mit einer großen Modellbahn-Ausstellung in der Haager Sporthalle gewürdigt wird, in Bewegung. Beim Thema Modell ist Robert Schmieder voll in seinem Element, der die mit viel Liebe im Maßstab 1:10 gefertigten Züge der Ampertalbahn im Biergartengelände auf die Reise schickt.

Im Biergarten findet jeder seine individuelle Nische. Die Verkaufsbuden gruppieren sich fast in Hufeisenform um den Biergarten herum. Man hat die Wahl zwischen Grillspezialitäten von der Steak- und Würstlhütte, ofenwarmen Brezen von der eigenen Backstube, Steckerlfisch vom Fischstand sowie knusprigen Pizzen und vegetarischen Gerichten vom Kaffeestand. Die Stände sind seit vielen Jahren nur an regionale Betreiber verpachtet, die für ein gesundes Preis-Leistungsverhältnis und vor allem für Qualität stehen. Stimmung herrscht zum Lampionfest, wenn 3000 Lampions kostenlos an die Besucher verteilt werden und den Biergarten beleuchten.

Biergartenidyll unter magischen Bäumen

Ampertal

Isarradweg ab München Ludwigsbrücke bis Moosburg (ca. 46 km), Ammer-Amper-Radweg von Moosburg nach Haag (10 km) bzw. Dachau (54 km)

Zwei kleine Badeseen im Ampertal zwischen Haag und Zolling (je ca. 200 m vom Amper-Radweg entfernt)

Großzügiger Spielplatz mit Rutschen und Schaukeln, Klettergerüst, Hüpfburg; Ampertal Kinder-Eisenbahn, Sa. ab 16, So. ab 12.30 Uhr, 0,70 € (1 Fahrt), 3 € (5 Fahrten), www.ampertalbahn.de

Bayerische Blasmusik (Sa. + So. ab 15 Uhr), Lampionfest (1. Sa. im Juli)

Im *Wildschwein-Paradies*

Waldbiergarten im Ebersberger Forst

Wildschweine lieben feuchte Mischwälder. Bis auf den Keiler, der außerhalb der Paarungszeiten als Einzelgänger durch die Wälder streift, leben die Tiere gesellig in Rotten. Durch Aufwühlen der Erde und ihren hervorragenden Geruchssinn stöbern sie neben Eicheln und Bucheckern auch Mäuse, Regenwürmer und Insektenlarven auf. Beim Fressen kennt das Schwarzwild keine Grenzen. Jede verdreckte Fahrrinne und jeder Tümpel kommt für das Schlammbad wie gerufen, an Baumstämmen rubbeln sie sich lästige Parasiten vom struppigen Fell.

Wirte Familie Gantner

Adresse Sauschütt 1, 85664 Hohenlinden

Telefon 08124-7107

Öffnungszeiten März bis Oktober Mi.–So. 10.30–22 Uhr (bei schönem Wetter auch Mo./Di. geöffnet), November bis Februar Fr.–So. 11–21 Uhr

Sitzplätze 400 SB + 50 G

Brauerei Wildbräu Grafing

Maßpreis 5,60 €

Schmankerltipp Rollbraten vom Grill (8,20 €), Sauerbraten mit Knödel und Blaukraut (8,50 €), Spareribs mit Soße (9,50 €)

Anfahrt

ÖVM S2 Markt Schwaben oder S4 Ebersberg, Bus 446 in Richtung des anderen Bahnhofs bis zum Abzweig Sauschütt (nicht am Wochenende)

Auto A94 und B12 Hohenlinden, Straße Richtung Ebersberg und rechts in den Forst; B 304 über Zorneding nach Ebersberg und Richtung Hohenlinden

Wer die Wildschweine aus der Nähe grunzen und quieken hören will, ist an der Hohenlindener Sauschütt genau richtig. Neben dem Schwarz-, Rot- und Damwild kann man vor allem an den Lichtungen auch zahlreiche Heuschrecken, Schmetterlinge und Libellen beobachten, die wiederum den Kleinsäugern und Vögeln als Nahrung dienen. Auf dem drei Kilometer langen Waldlehrpfad, der direkt am schönen Waldbiergarten der Sauschütt beginnt, erfährt man allerhand Wissenswertes über die einheimische Forstwirtschaft, Flora und Fauna. Große Freude bereitet bei Eltern und Kindern auch der Barfuß-Pfad.

Erholung im Ebersberger Forst

Studentin Julia im Einsatz

Beinahe hätte der Münchner Großflughafen den Ebersberger Forst – immerhin eines der größten zusammenhängenden Waldgebiete Deutschlands! –

Die Hirsche im Wildgehege gehören zu den Attraktionen der Sauschütt.

zunichte gemacht; doch die Wahl fiel letztlich auf das Erdinger Moos. Die Förster sind bestrebt, den Wald durch gezieltes Anpflanzen von Mischkulturen gesunden zu lassen. Je mehr Kiefern, Lärchen, Tannen, Buchen, Eichen und Linden nebeneinander wachsen, desto stabiler ist der Gesamtbestand des Waldes. Die Fichten-Monokultur, die vor allem im nördlichen Teil vorherrscht, ist durch ihre flachen Wurzeln besonders windanfällig; der Sturm Wiebke hat hier 1990 eine Schneise der Verwüstung geschlagen.

Um elf Uhr beendet die Forschungsabteilung der Firma EADS ihren Arbeitstag: Betriebsausflug! Chefin Elke fungiert auch als Guide bei der 40 Kilometer langen Radtour in die Sauschütt. Sie weiß, wo es schön ist, als Forsternerin kennt sie den Ebersberger Forst wie ihre Westentasche. Mit von der Partie sind außerdem Max im gelben Trikot, Wolfgang, Vitus, Ronald, Pascal, Ulli, Dieter und Christin. Da die Gruppe keine eigene Brotzeit dabei und mangels Zulauf die Schenke geschlossen hat, lassen sie sich von Julia bedienen. Die Studentin legt in den Semesterferien ihre Erdkunde- und Englischbücher zur Seite und bessert als Bedienung ihre Finanzen auf.

Hohenlindener Sauschütt

Bei Regen, Schnee und Sonnenschein

Die Wege im Ebersberger Forst sind schachbrettmäßig zu den Haupthimmelsrichtungen angelegt; der Zusatz „Geräumt“ bedeutet, dass sie im Winter geräumt werden. Tatsächlich bekommt man in der Sauschütt zu den angegebenen Öffnungszeiten sogar bei Wind und Wetter seine Maß serviert, auch wenn sonst keine „Sau“ unterwegs sein sollte. Die Wirte betreiben die Einkehr seit über 20 Jahren und sind sehr gastfreundlich. Radler, Familien und Hunde sind hier gleichermaßen willkommen. Das Fleisch stammt von der eigenen Metzgerei, das Wild direkt vom Forst. Zum Essen passt eine Wildbräu-Halbe oder -Maß, die man in der frischen Waldluft unter den großen alten Linden ausgiebig genießt.

Schwarz- und Damwild im Wildpark der Sauschütt

Waldimpression im Ebersberger Forst

Ebersberger Forst, Walderlebnispfad (3 km)

Panorama-Radweg: Ludwigsbrücke – Grafing, Abzweig Ebersberger Forst St. Hubertus (45 km)

Kleiner Spielplatz, Wildgehege mit Dam- und Rotwild, Ziegen und Wildschweinen

Wiese am Biergarten

Freibad Klostersee in Ebersberg, Egglburger See (erst ab August)

Aktiv sein und schlemmen

Von Süden in den Ebersberger Forst

Da das Forsthaus St. Hubertus selbst mit dem Auto nur auf einem Kiesweg angesteuert werden kann und mit öffentlichen Verkehrsmitteln schon gar nicht zu erreichen ist, empfehlen wir die sehr lohnende Rundwanderung zwischen Klostersee und Ebersberger Forst. Auf diese Wiese erforscht man einen Natur-Lehrpfad, erklimmt einen Aussichtsturm, rastet in einem schönen Waldbiergarten und kehrt über drei Seen zum Ausgangsort zurück.

S-Bahnfahrer wandern vom Ebersberger Bahnhof über den zentralen Marktplatz und nordwärts zum Klostersee hinab. Vom Hotel Klostersee geht es auf der Heldenallee in Richtung Aussichtsturm mit zunehmend besserem Blick auf das Alpenpanorama. Das Museum Wald und Umwelt in der Ebersberger Alm hat zwar nur am Wochenende geöffnet, doch der Naturlehrpfad mit zwölf Stationen und dem beliebten Barfuß-Parcours ist frei zugänglich. Nach der „Bergbesteigung" folgt der Abstieg in den Ebersberger Forst bis zum beschilderten Forsthaus.

Wirtin Tatjana Scholl

Adresse St. Hubertusstr. 1, 85560 Ebersberg

Telefon 08092-852201

Web www.wirtshaus-hubertus.com

Öffnungszeiten Ganzjährig 11–23 Uhr

Sitzplätze 500 SB + 20 G

Brauerei Schweiger

Maßpreis 6 €

Schmankerltipp Obatzda mit Brot (6,50 €), 1/2 Haxe (6,50 €), Spareribs (8,50 €), Mittagskarte: 3 Gerichte zur Auswahl (ab 5 €)

Anfahrt

ÖVM S4 Ebersberg plus Wanderung (ca. 4 km einfach)

Auto A94 Ausfahrt Forstinning, Straße Richtung Ebersberg und am Verkehrskreisel rechts durch Gewerbegeiet (Schild Anzing) in den Forst; B304 über Zorneding nach Ebersberg und Richtung Forstinning

Wendepunkt St. Hubertus

Das Forsthaus liegt ähnlich schön wie die nur fünf Kilometer entfernte Sauschütt. Durch die Waldlichtung dringt hier mehr Sonnenlicht ein, was die Gäste an kühlen Tagen mit Wonne erfüllt. Der Biergarten hat im Prinzip ganzjährig geöffnet, man kann also immer seine mitgebrachte Brotzeit auspacken und sich ein Getränk dazu holen. Die Schenke ist allerdings nur an

schönen Wochenenden im Sommer im Betrieb. Unter der Woche bestellt man auch außerhalb der gedeckten Tische direkt von der Restaurantkarte. Die Werbekarte verspricht „sakrisch guade Portionen zum Satt werd'n", darunter drei günstige Mittagsschmankerl zur Auswahl. Als angenehm erweist sich, dass die Autos außerhalb der Sichtweite parken müssen. Kinder können sich am Abenteuerspielplatz austoben.

Auf dem Rückweg folgt man der Hohenlindener Grenz-Geräumt bis zur Weggabelung in Richtung Egglburger See, der im Naturschutzgebiet liegt. Da an den schilfbestandenen Ufern Vögel brüten, wird der See erst ab August zum Baden freigegeben. Am Westufer wandert man über die Weiler Hinteregglburg und Egglsee, dann am Langenweiher vorbei zum Klostersee zurück.

Der Radweg im Ebersberger Forst führt direkt in den Biergarten.

Ludwigshöhe, Klostersee und Egglburger See, Ebersberger Forst

Sempt-Mangfall-Radweg (16 km ab Markt Schwaben, 6 km ab Ebersberg, 10 km ab Grafing, 65 km gesamt von Erding bis Kreuzstraße)

Abenteuerspielplatz mit Klettergerüst, Rutsche, Schaukeln und Sandkasten in schönem Freigelände

Wiese am Spielplatz

Freibad Klostersee in Ebersberg, Egglburger See (erst ab August)

Museum Wald und Umwelt, Ebersberger Ludwigshöhe, Tel. 08092-247983, 15. März bis 15. November Sa. + So. 11–18 Uhr, 16. November bis 14. März So. 12–17 Uhr, 2,50 €, www.museumwaldundumwelt.de

Ayinger *Bier-Imperium*

Ausflugs-Klassiker zwischen München und Rosenheim

Die im Jahr 1878 gegründete Brauerei hat Aying zu großem Ruhm verholfen. War man 1927 noch stolz darauf, mit der Umstellung vom Pferdefuhrwerk auf den Lastwagen erstmals Bier nach München zu liefern, so gehören heute die USA, Italien und Österreich zu den Abnehmern des begehrten Gerstensaftes. 140 000 Hektoliter werden jährlich produziert, das Brauwasser stammt aus dem eigenen, 176 Meter tiefen Brunnen. Damit die Familiendynastie Liebhard-Inselkammer nicht eines Tages ausstirbt, haben die Brüder Franz, August und Peter Inselkammer senior längst für Nachwuchs gesorgt; die Söhne heißen konsequenterweise wie ihre Väter.

Wirte Walter Pacher, Josef Drexler

Adresse Münchner Str. 2, 85653 Aying

Telefon 08095-1345

Web www.liebhards-aying.de

Öffnungszeiten Mo.–Fr. 17–22, Sa. + So. 10–22 Uhr, im Winter an warmen Tagen

Sitzplätze 500 SB + 200 G

Brauerei Ayinger

Maßpreis 5,70 €

Schmankerltipp Großer Salat vom Buffet (6,10 €), Schweinswürstl auf Sauerkraut (4,90 €), Spareribs (8,80 €), Schweinsbraten mit Knödel (7,60 €)

Anfahrt

ÖVM S6 Aying und wenige Minuten zu Fuß (Bahnhofstraße Richtung Ortskern)

Auto A8 Ausfahrt Holfolding und nach Aying

Das Bier-Imperium ist im Ayinger Ortskern vis-à-vis des Zwiebelturms greifbar. Von der Münchner Straße kommend steuert man direkt auf den Brauereigasthof hinter dem Maibaum zu. Während die für ihre gute Küche bekannte Einkehr auf einen Biergarten verzichtet, findet man schräg gegenüber im nach dem Brauerei-Gründer Johann Liebhard benannten Bräustüberl 500 Plätze auf Kiesboden unter schattigen Kastanien. Ein dörflicher Vorzeige-Biergarten par excellence, an dem kein durstiger Radler vorbeifahren wird.

Ayinger Gemütlichkeit

So stellt man sich gute Nachbarschaft vor: Tina fragt Christina über den Gartenzaun, ob sie in den Biergarten mitkommen wolle, und schon kommt die spontane Zusage. Auch ihre Männer Wolfgang und Matthias müssen die beiden Frauen nicht lange überreden, schließlich sind die vier Kilometer von Egmating nach Aying rasch zurückgelegt. Tina ist ein Fan von den Schnittlauchknödeln, ansonsten muss sich zumindest der Fahrer mit dem Bier zurückhalten. Am Wochenende ist dies kein Problem, denn dann rücken die beiden befreundeten Paare meist mit dem Fahrrad an.

Egmatinger Forst, umliegende Ayinger Wiesen und Wälder

M-Wasserweg: München Ludwigsbrücke – Waldkreuzung Hofoldinger Forst, Abzweig Via Julia bis Aying (33 km)

Kleine Rutsche im hinteren Eck

Brauerei Aying, Münchner Str. 21, Tel. 08095-8890 oder 8893, Führungen Di. 11 Uhr, Do. 18 Uhr, Sa. 10 Uhr, 7 €; jeden 1. So. Frühschoppen mit Livemusik, www.ayinger.de

Bester Panoramablick von der Schönen Aussicht auf das Mangfallgebirge mit Wendel- und Breitenstein

Eldorado für Radfahrer

Aying ist der ideale Ausgangsort für ausgedehnte Radtouren. Während die von Forst geprägte Landschaft Richtung München etwas monoton ist, führt im Osten und Süden ein Netz an kleinen Teerstraßen zu schönen Aussichtspunkten und in malerische Flusstäler. Äußerst lohnend ist die Strecke über die Weiler Kaltenbrunn und Graß nach Münster, wo die steile Abfahrt in das Tal des Kupferbachs beginnt. Das nur wenige Kilometer entfernte Glonntal ist nicht minder reizvoll. Wer nicht mehr über die Hügel nach Aying zurückkehren will, dem sei über Kleinhöhenrain die Abfahrt in das Mangfalltal empfohlen, wo man in Bruckmühl oder Feldkirchen-Westerham Bahnanschluss hat.

Der *Adel* lässt grüßen

Landbiergarten über dem Mangfalltal

Nur wenige Kilometer vom bekannten Mangfallknie entfernt treffen an der Kreuzstraße zwei Landstraßen aufeinander, an deren Schnittpunkt der Bartewirt seit einer gefühlten Ewigkeit Speis und Trank anbietet. Selbst ein Brand hat die Wirtschaft nicht unterkriegen können. Und seit der 15-jährige Max Graf von Arco im Jahr 1821 von seinem Onkel Heinrich Graf von Tattenbach neben dem Valleyer Schloss auch die ansässige Brauerei geerbt hat, fließt das süffige Graf-Arco-Bier aus dem Zapfhahn des Bartewirts.

Der Wandel vom Gast- zum Biergarten hat dem Bartewirt gut getan. Immerhin liegt die Einkehr unmittelbar am Mangfall-Radweg, und Radler packen auch mal gerne ihre mitgeführte Brotzeit aus. Im nahen Mangfalltal gibt es übrigens auch sehr schöne Wanderrouten.

Einmal auf dem „Stockerl“

Durch den Autoverkehr ist es im Biergarten zwar nicht ganz ruhig, aber das ländliche Flair und die freundliche Atmosphäre gleichen dieses Manko aus. Beim AZ-Wettbewerb „Mein schönster Landbiergarten“ hat es 2006 immerhin zu Platz drei gereicht. Bereits im Winter sitzt man bei Sonnenschein an der

Ende Mai 2008 liefert heiße Saharaluft mit über 30 Grad einen Vorgeschmack auf den Sommer. Wolfgang und Thomas verlassen früher als sonst ihr Münchner Versicherungsbüro, schwingen sich auf ihre Räder und peilen auf dem Mangfall-Radweg den Bartewirt an. Dort erwartet sie bereits ihr Kumpane Fredi, den Wolfgang vor Jahren bei der Bundeswehr kennen gelernt hat. Nach einem harten Arbeitstag kann man sich ruhig bedienen lassen, also gibt es den frischen Wurstsalat und Bratensülze am gedeckten Tisch. Plötzlich erspäht Fredi, der in Unterdarching wohnt, einen Kumpel von der benachbarten Graf-Arco-Brauerei. Eine Runde Gratis-Bier muss schon sein! Irgendwann geht es weiter nach Miesbach, wo sich das Trio am Abend bei einem weiteren Freund zu einer ausgelassenen Schafkopfrunde trifft.

südlich ausgerichteten Hauswand, bei Bedarf sind die Heizstrahler in Betrieb. Der aus der Steiermark stammende Wirt Josef Drexler hat die bayerische Küche mit österreichischen Schmankerln aufgewertet, das südsteirische Kürbiskernöl zum Mitnehmen bezieht er direkt von seinem Bruder.

Teufelsgraben und Mangfalltal (Zugang ab S-Bahnhof an den Gleisen Richtung Grub); Hofoldinger Forst

M-Wasserweg: München Ludwigsbrücke – Kreuzstraße (40 km), bis Gmund am Tegernsee 21 km

Kleiner Spielplatz mit zwei Rutschen

Livemusik am Vatertag: Franz Posch & seine Innbrüggler

Kultur- und Orgelzentrum Altes Schloss Valley, Graf-Arco-Str. 30, Führung und Vorspiel der Instrumente (2 Std.) nach Anmeldung unter Tel. 08024-4144, 8 €, www.lampl-orgelzentrum.com

Wirte Walter Pucher, Josef Drexler

Adresse Gruberstr. 1, 83626 Valley/Kreuzstraße

Telefon 08024-7781

Web www.bartewirt.de

Öffnungszeiten Mo.–Fr. 17–22, Sa. + So. 10–22 Uhr

Sitzplätze 350 SB + 150 G

Brauerei Graf Arco

Maßpreis 5,50 €

Schmankerltipp Großer Salatteller (5,90 €), Schweinswürstl auf Sauerkraut (4,90 €), 1/2 Hendl (5,60 €), Mittagsmenü werktags 11.30–14 Uhr (5,40 €)

Anfahrt

ÖVM S6 Kreuzstraße und wenige Minuten zu Fuß (Miesbacher Straße)

Auto A8 Ausfahrt Holfolding, Richtung Aying, in Faistenhaar rechts Richtung Kreuzstraße

Vom Bartewirt führen schöne Radrouten in allen Himmelsrichtungen – im Bild die Umgebung von Sonderdilching über dem Mangfalltal

Sämtliche Biergärten wurden von den Herausgebern sorgfältigst recherchiert. Für die Richtigkeit der Angaben – insbesondere bzgl. der Preisangaben und Öffnungszeiten – kann jedoch keine Haftung übernommen werden. Hinweise und Anregungen sind jederzeit willkommen. Wir freuen uns auf Ihre Zuschrift.

Impressum

frischluft | edition
Verlag GbR
Raiffeisenstraße 2
83629 Neukirchen bei Weyarn

Telefon	08020/904542
Telefax	08020/904543
E-Mail	info@frischluftedition.de
Internet	www.frischluftedition.de

Autor	Michael Reimer
Grafikdesign	Katrin Susanne Baur
Druck/Repro	Lanadruck GmbH

Bildnachweis

Alle Bilder inklusive des Umschlags stammen von Michael Reimer.

Ausnahmen:
Katrin Susanne Baur: S. 12, 64, 65, 72
Neue Fasanerie: S. 44u
Waldheim: S. 32 (2), 33

ISBN 978-3-9810890-7-3

Index